Embutidos
da sobrevivência à gastronomia

Dados Internacionais de Catalogação na Publicação (CIP)
(Câmara Brasileira do Livro, SP, Brasil)

Raigorodsky, Breno
    Embutidos : da sobrevivência à gastronomia / Breno Rai-
gorodsky. – São Paulo : Editora Senac São Paulo, 2011.

    Bibliografia.
    ISBN 978-85-396-0106-6

    1. Embutidos (Alimentos) – História   2. Embutidos
(Alimentos) – Indústria   3. Gastronomia   I. Título.

11-03152   CDD-641.01309

Índice para catálogo sistemático:

1. Embutidos : Gastronomia : História   641.01309

Breno Raigorodsky

Embutidos
da sobrevivência à gastronomia

Editora Senac São Paulo – São Paulo – 2011

ADMINISTRAÇÃO REGIONAL DO SENAC NO ESTADO DE SÃO PAULO
Presidente do Conselho Regional: Abram Szajman
Diretor do Departamento Regional: Luiz Francisco de A. Salgado
Superintendente Universitário e de Desenvolvimento: Luiz Carlos Dourado

EDITORA SENAC SÃO PAULO
Conselho Editorial: Luiz Francisco de A. Salgado
Luiz Carlos Dourado
Darcio Sayad Maia
Lucila Mara Sbrana Sciotti
Luís Américo Tousi Botelho

Gerente/Publisher: Luís Américo Tousi Botelho
Coordenação Editorial: Verônica Pirani de Oliveira
Prospecção: Andreza Fernandes dos Passos de Paula, Dolores Crisci Manzano, Paloma Marques Santos
Administrativo: Marina P. Alves
Comercial: Aldair Novais Pereira
Comunicação e Eventos: Tania Mayumi Doyama Natal

Edição de Texto: Pedro Barros
Preparação de Texto: Cristina Marques, Diogo Kaupatez
Pesquisa: Maria Margherita de Luca
Pesquisa Iconográfica: Monica de Souza
Coordenação de Revisão de Texto: Marcelo Nardeli
Revisão de Texto: Cleber Siqueira, Luciana Baraldi, Rinaldo Milesi
Coordenação de Arte: Antonio Carlos De Angelis
Projeto Gráfico, Capa e Editoração Eletrônica: Fabiana Fernandes
Foto da Capa: Rolando Paolo Guerzoni
Impressão e Acabamento: Gráfica CS

Proibida a reprodução sem autorização expressa.
Todos os direitos reservados à
Editora Senac São Paulo
Av. Engenheiro Eusébio Stevaux, 823 – Prédio Editora
Jurubatuba – CEP 04696-000 – São Paulo – SP
Tel. (11) 2187-4450
editora@sp.senac.br
https://www.editorasenacsp.com.br

© Breno Raigorodsky, 2011.

Sumário

Nota do editor 9

Prólogo 11

Introdução 13

As pré-condições são brancas 23

Nas pegadas do embutido 29

Perfil do embutido 33
O invólucro 34
O recheio e os critérios de classificação 36

A fabricação 39

Técnicas de conservação 43
Técnicas tradicionais artesanais 44
Técnicas industriais modernas 45

As classificações 49
A nomeação 50

Os embutidos de carne crua 57
Os salames 59

Os embutidos de carne cozida 63
As salsichas 64
As mortadelas 67
As morcelas ou chouriços de sangue 68

Variados 73
Exclusivos 74
De aves 85
De boi 88
De cavalo 91
De ovelha e cabrito 92

Embutidos *light* 96
Vegetarianos 98
Embutidos brasileiros 99

Harmonização 109

Grandes pratos com embutidos 115
O *Gran bollito misto* do Piemonte 117
Feijoada e afins 118
À bolonhesa 122
Cuscuz 131
Humor inglês 135
Na esteira das naus colombinas 137
Os limites 140
A simplicidade 149

Nota do editor

À parte críticas e elogios, a indústria dos embutidos é poderosa, de importância inquestionável para a economia mundial e responsável por milhares de empregos diretos e indiretos. O que poucos sabem, ou talvez saibam apenas superficialmente, é que a origem dos embutidos é antiga, quase tão antiga quanto o homem.

Embutidos: da sobrevivência à gastronomia traça uma linha do tempo que se inicia quando o ser humano, ainda em processo civilizatório, via-se obrigado a consumir todas as porções do animal caçado. A necessidade de conservação da carne foi o gatilho que desencadeou o processo artesanal de embutir. Ao longo dos séculos, conforme o homem aumentava seu domínio sobre o ambiente e desenvolvia novas tecnologias, o que era meio de subsistência tornou-se arte: na Europa, na África, no Oriente Médio e nas Américas, o embutido recebeu cores regionais e características próprias. No entanto, o livro não se detém somente nas tradições locais, explicando também o processo industrializado de fabricação de salsichas, mortadelas e similares. Ao final, o autor oferece alguns dos pratos "clássicos" feitos a partir dos embutidos – o *choucrute garni* e a feijoada, por exemplo.

Publicado pelo Senac São Paulo, *Embutidos* é leitura recomendada a qualquer aspirante ou profissional do ramo gastronômico.

Prólogo

Este livro é um começo e não um fim, como normalmente são os estudos feitos a partir de bases inconclusivas. Ele ganhou corpo e saiu da simples condição de relato histórico para se tornar peça de importância informativa e formadora.

Primeira publicação sobre o assunto em língua portuguesa, peca (como não podia deixar de ser) pela desinformação. Serviu para criar parâmetros, catalogar o que já estava organizado, defendido e prestigiado e redescobrir o que estava esquecido ou em vias de extinção. Foram descobertas inclusive especificidades brasileiras, seja nas tentativas de transformar a fauna selvagem em embutidos, seja na elaboração empregando ingredientes que entraram de cabeça em culturas regionais e se transformaram em bandeiras gastronômicas.

Contudo, o livro está longe de esgotar o assunto – como se costuma dizer.

No que toca os embutidos alemães, ficamos restritos aos cozidos, mesmo sabendo que havia um mundo a descortinar. Pouco conhecemos das refeições completas que costumam ser parte dos embutidos ingleses, recheados de cevada e outros tantos ingredientes não cárneos. Mal tocamos na extensa tradição dos povos do norte da Europa, mestres na conservação desde que descobriram os benefícios do frio contra a deterioração dos alimentos. Apenas descortinamos a existência de um mundo de embutidos no Extremo Oriente, citamos uns poucos produtos do Magreb e mal sugerimos o que acontece dentro das tripas na África setentrional.

Apesar de receberem mais atenção, ainda assim ficamos devendo a países da Europa ocidental, da América Latina e particularmente ao Brasil, com sua produção espalhada por rincões que vão de cantos perdidos do Sudeste a produtores isolados do Nordeste. Mesmo a privilegiada Itália, exposta com mais detalhes e variedade por conta da literatura mais vasta, é credora de uma grande dívida deste livro para com ela. As lacunas estão por toda parte.

Mesmo assim, é um livro que recupera o embutido, tirando-o das mãos da indústria e devolvendo-o à cultura popular. Refaz o caminho *slowfoodista* de valorizar a tradição e o pequeno produtor. Anota quem tem *pedigree*, sugere produtos regionais escondidos, enaltece quem faz bem feito e não deixa de aplaudir as medidas que trouxeram o embutido para lugares menos obscuros, mesmo quando tratados de modo industrial. Discute e reflete sobre legislações e conceitos. No capítulo de harmonizações com o vinho, enobrece os embutidos. E ainda recupera dezenas de pratos, alguns medievais, outros cuja elegância à mesa surpreende.

Esta obra pretende lançar água no moinho dos que veem todos os produtos com naturalidade, sem preconceitos criados *a priori* por modismos que só interessam ao comércio.

Este livro deseja frequentar as prateleiras de *chefs* e diletantes da cozinha!

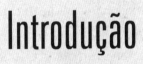

Introdução

Tirar o embutido do armário da história da gastronomia é refazer o sofisticado caminho percorrido pela civilização no afã de usufruir até a última molécula de proteína do animal abatido. Dizemos "do armário" porque o embutido não tem sido objeto de grandes estudos ou discussões gastronômicas, aparentando estar fora do foco de acadêmicos, nutricionistas e grandes *chefs*, na contramão do que em geral se pensa, e de quase tudo o que se produz, nos dias de hoje, em termos de "comer". E, isso, talvez por conta de sua imagem, arranhada por seu envolvimento em casos de doenças típicas provocadas por produtos de conserva, talvez por conta da onipresente gordura animal, inimiga mortal dos nutricionistas modernos. Ou, quem sabe, por fazer parte de uma gastronomia considerada superada, visto parecer que as condições que a criaram – a deficiência de proteínas na alimentação da maioria dos povos dos países ricos,[1] a inexistência de geladeira e de controle sanitário adequado – não mais justificam sua existência.

Diz-se na contramão porque faz parte de um tempo em que a alimentação era difícil e escassa, não havendo alternativas que permitissem escolhas. Não era possível optar entre o azeite e a manteiga, entre o óleo de amendoim e o de soja, entre a gordura de porco e a de ganso. Quem usava gordura do leite para produzir manteiga quase nunca tinha oliveiras para produzir azeite e vice-versa; quem produzia um tipo de carne animal usualmente não produzia outro. É uma época em que a questão do sedentarismo e consequente obesidade, problemas digestivos, cardíacos, etc., praticamente não se faziam presente, pois a energia consumida era naturalmente gasta com os trabalhos necessários para a manutenção, visto que a mecanização da produção era mínima, principalmente do ponto de vista de uma sociedade como a nossa, que evoluiu para uma robotização impensável para nossos avós. Para viver, era preciso arar, colher, caçar, quebrar lenha. Quem trabalhava a terra não apresentava um só grama de gordura a mais, apesar de

---

1 E a fome crônica que assola parte considerável da população do globo terrestre, a envergonhar a humanidade.

alimentar-se com comida à base de gordura animal, embutidos e tudo o que hoje é desaconselhado pelos médicos. Eram eventualmente obesos sedentários apenas os senhores de terra, os aristocratas da corte e certos grupos religiosos em que a labuta era vista como atividade menor. Portanto, faz parte de um tempo em que não havia opção para o exercício físico e o uso de determinadas fontes de energia, nem isso era, portanto, escolhido racionalmente ou por impulso ou por gosto.

Ocorre que este estudo faz também parte de um tempo, o nosso tempo, em que os embutidos não só sobreviveram como componentes da história da alimentação, como são, também, produzidos e vorazmente consumidos aos milhões, seja nos Estados Unidos, seja em qualquer ponto da Europa. Sua popularidade jamais deixou de crescer, o que justifica ainda mais uma análise que descreva as condições de produção industrial bem como as variedades existentes nas gôndolas dos supermercados. Atualmente, medidas de controle sanitário muito mais rigorosas permitem que certos ícones históricos do fabrico de embutidos se mantenham em produção crescente, mesmo sem superar os limites entre o artesanal e o industrial. Mas, quando superam esses limites, às vezes são enquadrados por medidas punitivas, inspiradas em folclóricas insinuações acerca do uso irresponsável de produtos não alimentares em sua confecção.

E, então, vê-se que se está na mão certa quando consideramos que, além da história gloriosa e do presente não tão nobre, este estudo engrossa as filas do movimento crescente a favor do resgate de certas atividades agrícolas produtivas que foram se perdendo por conta da massificação do gosto e da consequente supremacia dos produtos voltados para os centros urbanos. Um resgate que leva em conta muitos fatores, entre eles a reafirmação da cultura de raiz.

A verdade é que tais produtos não apenas ocupam parte considerável da grande indústria alimentícia como também insistem em se manter presentes à mesa de milhões de pessoas em todos os continentes, além de sustentar centenas de milhares de trabalhadores no campo.

Seria o caso, agora, de perguntar onde a conceituação de embutido cabe melhor? Se na gaveta da sobrevivência ou no escaninho do prazer? É irrelevante responder a tal questão, pois o ser humano sempre soube mesclar ambos, mascarando a luta pela sobrevivência com uma deliciosa tinta de hedonismo. A relação entre a comida e o prazer foi analisada, na passagem entre os séculos XVIII e XIX, por Brillat-Savarin, em *A fisiologia do gosto*.[2] Em seus famosos aforismos, o autor diz: "O criador, ao obrigar o homem a comer para viver, o incita pelo apetite, e o recompensa pelo prazer".[3] E se a questão for conceituar gastronomia, esse mesmo autor se encarrega disso em sua Meditação 3.[4] Antes de qualquer outra consideração, entretanto, é necessário definir nosso objeto de análise. É considerado *embutido* um alimento cuja característica diferencial mais evidente é a de ser um preparado à base de proteína animal, envolto em uma capa protetora, que lhe dá forma, protegendo-o para fins alimentares. Com isso, diferencia-se de carnes conservadas e tratadas por processos idênticos, mas que não precisam dessa capa, pois suas próprias características físicas – dimensões, volume, densidade – são suficientes para sustentá-las até o consumo. Presuntos, carnes secas e outras partes de que habitualmente se faz conserva, como o joelho de porco, constituem bons exemplos dessa segunda categoria de proteínas animais que têm prolongada sua função enquanto alimento. A definição se faz necessária porque tais categorias se confundem em praticamente todas línguas latinas em termos como *charcuterie* – produtos embutidos ou não, feitos com carne de porco –, *salumeria*.

Originalmente, os embutidos eram envoltos exclusivamente em material igualmente orgânico, partes ou entranhas dos próprios animais, ou com elas confeccionados. Atualmente, são classificados como embutidos – e aceitos como tal, tanto pelos consumidores quanto pelas leis que regem a produção e a distribuição

---

2 Brillat-Savarin, *A fisiologia do gosto* (São Paulo: Companhia das Letras, 2009).

3 *Ibid.*, p. 15.

4 *Ibid.*, pp. 55-62.

de alimentos – não só invólucros com recheios de proteína vegetal, à base de soja e verduras, como quaisquer recheios, animais ou vegetais, em invólucros inorgânicos.

O embutido nasceu antes de a carne tornar-se matéria de comércio, e as condições naturais para a sua existência se deram muito antes de compreendermos como determinadas caças se conservavam naturalmente, em especial por meio do frio, do fogo e do sal, os principais agentes de conservação.

Já como mercadoria nos primórdios do capitalismo, foi, antes, como todas as demais destinadas à alimentação, matéria de subsistência, fruto da eterna busca pela otimização, seja do investimento na engorda, seja do aproveitamento derradeiro do animal tornado velho demais para cumprir trabalhos na lavoura, no transporte, na reprodução ou na produção de ovos e leite. Destes últimos, há exemplos de receitas célebres, do *coq au vin* (do leste francês) à *chanfana* (da serra da Estrela portuguesa), onde, respectivamente, o galo foi destronado por um mais novo e a velha cabra tornou-se improdutiva ao perder a capacidade de produzir leite.

O sal – tendo como cúmplices a água, o fogo e o vento – encarregou-se do processo de conservação de grandes feixes musculares, como a perna gaulesa, o presunto (do latim *prae exsuctus*, "privado de líquido, desidratado"), talvez seu exemplo mais feliz. Mas como conservar também as vísceras, o sangue, o sumo dos ossos e as partes mais cartilaginosas? O sangue e as vísceras, por exemplo, eram por demais apreciados para se perder em putrefação. Logo, algo precisava ser feito.

Assim, se a sobrevivência foi a mãe do embutido, o prazer pode ser considerado seu pai. Prazer que se traduz, à mesa, pela gastronomia. Recorre-se novamente a Brillat-Savarin: "A gastronomia é o conhecimento fundamentado de tudo o que se refere ao homem, na medida em que ele se alimenta".[5]

---

5   *Ibid.*, p. 57.

Apesar da artilharia dos nutricionistas de plantão estar mobilizada para extinguir da alimentação a gordura animal, ela foi, e, em parte, continua sendo, de extrema importância, principalmente nas regiões frias do planeta, devido ao seu valor calórico. Tornou-se *pancetta*, gordura para untar carnes mais secas, embutidos, patês e diversos preparos típicos, de procedências proteicas variadas. A gordura do pato possibilitou um prato extremamente apreciado no sul da França, o *confit de canard*. A gordura da galinha virou pururuca, tempero para patê de fígado, e recheio dos embutidos de garganta, apreciados nas cozinhas da Polônia, da Ucrânia e dos Bálcãs em geral.

Logo se perceberam as qualidades longevas da gordura animal – parte que, de todo o abate, melhor se conservava *in natura*. Foi, portanto, preciosa para envolver outras partes do animal, para que elas recebessem igualmente a bênção da longevidade.

Assim, seu uso tornou-se indiscriminado: chegou a proteger até produtos que sofreram processo de salga, criando uma modalidade de repositório ou guarda – os barris de gordura –, onde diversas carnes salgadas conviviam no mesmo ambiente gorduroso que caracterizava a conserva de produtos lácteos.

Partes gordurosas, como o *bacon*, a *pancetta* e o toucinho cumprem uma função inigualável na cozinha. Nos países de influência britânica, o *bacon* é figura central no desjejum dos lares de diferentes classes sociais, por mais que tenha sido substituído nos últimos tempos. Para mineiros e paulistas, o toucinho português é a principal fonte de gordura no preparo de alimentos fritos, como a couve cortada bem miudinha e o torresmo, complementos obrigatórios ou componentes do tutu de feijão.

Na Europa dos séculos que antecederam as invasões mouras, era inimaginável o consumo de qualquer outra fonte de gordura que não fosse a animal.

Também o sangue do animal abatido foi amplamente utilizado como fundo, em molhos de cozimento de pratos que chegaram aos nossos dias, como a galinha de cabidela e o *civet* de lebre, e seu excedente logo se tornou base de um dos embutidos mais apreciados: o chouriço, ausente apenas nos locais onde há proibições de cunho religioso.

Mesmo as patas, os ossos e a pele não foram desprezados, mostrando que o prazer e a carência foram pais de indiscutível criatividade. Na França, pés e patas de porco, cozidos e fritos, estão entre os pratos mais apreciados.[6] Essas mesmas patas originaram embutidos que prolongavam a vida útil da iguaria, sendo o mais famoso deles o *zampone*, com lugar obrigatório nas mesas do norte da Itália.

A conserva da carne serviu para driblar a carência proteica, natural das entressafras, ao permitir que a safra perdurasse ao longo do ano. Os meios de conservá-la estão conectados em linha direta com os de outras fontes de energia, como os peixes, que forneciam a essência do principal tempero romano, o *garum*.[7]

Referências aos embutidos estão presentes na história da formação dos impérios. Os conquistadores aprenderam, na prática, a superar as agruras vividas em terras hostis, como os perigos de envenenamento por água e comida. Exemplos não faltam: as guerras tribais do Oriente Médio; o nomadismo do Império Romano, com exércitos em constantes movimentos de conquista e manutenção dos territórios; o mundo mercantilista primitivo, igualmente estradeiro, no qual o

---

6   *Pieds de cochon* sempre foi um prato de grande apelo popular, como demonstra o restaurante Pied de Cochon, dono de histórias memoráveis – localizado ao lado do Les Halles (o grande mercado municipal de Paris, extinto no início dos anos 1970) –, onde trabalhadores braçais saídos do emprego se misturavam aos senhores e senhoras saídos do teatro, vestidos em suas melhores roupas de gala. Os primeiros, comendo de pé, no balcão; os últimos, sentados em mesas com toalhas brancas de linho.

7   Já usado pelos gregos, era o condimento básico da culinária da antiga Roma, presente em boa parte das receitas de Apicio, autor do *De re coquinaria*, a fonte mais citada do receituário gastronômico antigo. Para Plínio, o Velho, seria um líquido de "peixes apodrecidos"; e, para Varrão, uma salmoura de peixe combinada com suco de peras. Mesmo sendo impossível traçar paralelos confiáveis do uso atual com o *garum*, o pescado em conserva no preparo de condimentos se mantém até hoje, em composições como o *pissalat* provençal e a *pasta di acciughe* italiana, ambas à base de anchovas, ou, ainda, em molhos de peixe como o *Gharos* turco, o *Nam Pla* tailandês e o *Nuoc Mam* vietnamita. Muitos autores propõem simplificações, mas que resultam em imprecisões que mais confundem do que explicam.

produto em conserva ganha importância, invade a algibeira do viajante, e chega mesmo a conquistar os conquistados, como no caso da Gália, onde, muito antes da presença romana no local, se curtia carne de porco, *no sal e ao sol*.

A principal fonte do embutido é o porco. É tamanha sua prevalência que alguns autores restringem a história do embutido à criação suína. De fato, divulgam-se receitas com embutidos de carnes de bovinos, ovinos, caprinos e equinos, mas não são significativas, quando comparadas ao número e variedade das com produtos embutidos de carne suína.

Essa prevalência talvez se deva ao fato de o porco sempre ter sido considerado um animal excelente para a criação, porque dele tudo se usa, e por ser ele um animal de reprodução fácil e profícua.[8]

É necessário, entretanto, impor parâmetros para tratar dos embutidos, pois nossas raízes culturais nos aproximam deste ou daquele sistema de conservação, de uma ou outra fonte de proteína, ou de uma razão gastronômica, seja ela qual for. Na China e na Índia, sempre foi comum embutir, salgar e defumar. Na Grã--Bretanha, há mais de 1.500 receitas de linguiças frescas, cozidas, salgadas ou defumadas. Ainda maior é a diversidade na Alemanha, na Ucrânia, na Polônia e nos Bálcãs. Também merece destaque a suspeita de que alheiras e farinheiras, feitas com miolo de pão e farinha, sejam de origem judaica ibérica, criadas para escamotear a proibição religiosa de consumo suíno, na passagem do século XV para o século XVI.[9]

---

8   Ver Alexandre Dumas, *Grande dicionário de culinária* (Rio de Janeiro: Zahar, 2006), p. 235. Aí o autor conta que Vauban, um matemático, calculou, à sua época, "a posteridade de uma única porca, durante 12 anos. Essa posteridade, composta de filhos, netos e bisnetos, totalizava 6.434.838 porcos".

9   As fontes portuguesas não confirmam essa suspeita, mas também não a desmentem. Os judeus, especialistas em embutidos à base de galináceos e bovinos, souberam criar imitações que, durante a Inquisição, certamente os salvaram em inúmeras ocasiões.

Assim, a tarefa que nos dispomos a cumprir não tem ilusão de imparcialidade, pois seu movente é o prazer de preparar, servir e comer. Um prazer que se defende da objetividade, que toma posição em favor de uma comida de resgate, fundamentada na tradição culinária.

Aqui, a comida será tratada em sua vertente histórica, no equilíbrio nutricional lavrado pela combinação de elementos disponíveis em cada região produtora. Será vista com personalidade e arte, sem com isso desmerecer o esforço industrial, que repete o gesto, visando produzir, em quantidade, alimentos com qualidade.

Refletiremos sobre um produto que, por mais avançada que seja sua indústria, mantém sua face artesanal, principalmente em mercados desenvolvidos, nos quais a sofisticação e os valores agregados a um produto básico são valorizados pelo consumidor e incentivados pelo Estado. Nesses locais, produtos artesanais refinados disputam, com produtos em série, a preferência do consumidor, mesmo quando apresentam preços dez vezes maiores que a concorrência.

Nessa medida, são bem-vindas as determinações de controle de origem, seja por estabelecerem condições higiênicas mínimas, seja por institucionalizarem padrões de qualidade e defenderem a produção local, fixando o homem à sua atividade secular. Embora carreguem consigo uma tendência à pasteurização do produto caseiro – que, por conta das delimitações, corre sempre o risco de perder sua identidade mais profunda ao restringir criatividade e capacidade de adaptação a novas fronteiras –, tais medidas se mostram necessárias.

Na Itália, França, Alemanha, Inglaterra, Espanha e Portugal, além de tantos outros países que fazem parte da União Europeia, há centenas de produtos que são vítimas de restrições de toda ordem para poder receber selos regionais de garantia. São restrições acerca da origem dos alimentos que compõem o embutido, da área geográfica onde o animal é criado, das condições de alimentação das criações, de seu espaço vital e do número de meses vividos até o abate, somadas às restrições relativas a especiarias usadas no tempero, proporções das carnes na mistura, dimensões do embutido, tempo de curtição, temperatura, etc. Essas determinações rigorosas são seguidas à risca pelos produtores, pois o selo de aprovação garante a aceitação do consumidor, que anseia – e paga – para satisfazer sua expectativa gustativa sem acarretar riscos à saúde.

Pareceu-nos imperdoável falar dos embutidos sem apresentar didaticamente como são feitos, com alguns processos de produção ilustrativos, e também pratos em que são indispensáveis. Assim, em meio a histórias, trazemos a feijoada carioca, o *cassoulet*, o *gran bollito misto piemontese*, o *cotechino con lenticchie*, o *choucroute garnie* e outros.

Parafraseando o provérbio, fizemos, das tripas, coração, para trazer a público o máximo do que interessa em matéria de embutidos.

As pré-condições são brancas

Aretrospectiva que remete ao início dos tempos da carne em conserva tem como cenário montanhas brancas. As primeiras formaram-se nos gelos eternos, que conservavam focas, leões-marinhos e baleias, fontes vitais de alimento para os povos do Ártico, permitindo que trocassem o nomadismo caçador por uma estrutura social fixa e sedentária.

Do mesmo modo que as geleiras, os pontos mais altos do planeta igualmente permitiram que povos nômades sobrevivessem em condições extremas, garantindo a conservação de alimentos proteicos bem além do permitido nas condições climáticas de planalto e planície, possibilitando a superação do nomadismo.

Mas não foram nem as montanhas de gelo nem as de neve que colocaram o embutido em marcha histórica. Foi uma terceira montanha branca – a de sal – que se mostrou diretamente responsável pela história das carnes embutidas.

Foi fácil para o homem do Ártico, dos Alpes, dos Andes e de outros pontos montanhosos perceber a ação conservadora que o frio exercia sobre a caça: em temperaturas extremamente baixas (abaixo de -5 °C), interrompia-se o processo de decomposição dos tecidos.[1] De fato, o frio retarda ou mesmo paralisa esse processo, como demonstram pesquisas arqueológicas nessas regiões.

De maneira menos imediata e muito menos evidente, o homem percebeu a ação do sal, igualmente capaz de retardar o processo de decomposição de animais sem vida.

Além da necessidade de conservar os alimentos e realçar sabores, o sal é necessário à sobrevivência humana, pois, essencialmente, trata-se de cloreto e de sódio. Enquanto o sódio é o veículo do oxigênio no sangue, essencial na manu-

---

1   A refrigeração é a temperatura abaixo de 4 °C, que retarda o desenvolvimento das bactérias mais comumente responsáveis pela intoxicação por alimentos, já que elas não conseguem multiplicar-se a essa temperatura. Mas o processo não as elimina. Ver D. Hazelwood & A. C. McLean, *Manual de higiene para manipuladores de alimentos* (São Paulo: Varela, 1994).

tenção de seu equilíbrio ácido-base, penetrando capilarmente em todas as partes do corpo, do cérebro aos dedos do pé, o cloreto é indispensável para a digestão e a respiração.

Num artigo sobre o sal, no qual defende com unhas e dentes o seu uso na cozinha, Jeffrey Steingarten afirma:

> É provável que sejamos a primeira geração desde o início do mundo a manifestar paranoia acerca do sal. Sem o sal, todos morreríamos. Trata-se do único mineral que comemos na forma direta em que é extraído da natureza. O sal foi venerado em culturas primitivas e, onde era escasso, servia de dinheiro. Nosso sangue e nosso corpo são tão salgados quanto os mares dos quais a vida emergiu… As primeiras estradas foram construídas para transportar o sal, os primeiros impostos incidiram sobre ele, campanhas militares foram desencadeadas para garantir seu suprimento; e crianças africanas eram vendidas em troca dele. Foi o sal que deu a Veneza seu início como capital comercial da Europa, no século XVI; foi ele que causou a Revolução Francesa, quase derrotou Mao Tsé-Tung e ajudou a tornar a Índia independente.[2]

O sal foi de tal forma valorizado, que se tornou a remuneração periódica mais aceita: medidas em sal serviam aos romanos como pagamento por determinada quantidade de trabalho. Foi o sal que levou o ser humano a embutir carnes, para guardar alimentos proteicos a serem consumidos durante as entressafras, além de dilatar o prazo do consumo de partes extremamente delicadas dos animais abatidos.

Acredita-se que a percepção de que o sal conservava os alimentos se deu há mais de 10 mil anos, por meio da observação de fenômenos da natureza, por indi-

---

2   Jeffrey Steingarten, *O homem que comeu de tudo* (São Paulo: Companhia das Letras, 2000), p. 195. Crítico de gastronomia da *Vogue* norte-americana, Jeffrey é o homem mais bem remunerado do jornalismo gastronômico, autor não só do livro citado mas, também, de *Deve ter sido alguma coisa que comi* (São Paulo: Companhia das Letras, 2004).

víduos que posteriormente os reproduziram. Desde os tempos pré-históricos, o sal está entre os mais antigos, fartos e fortuitos conservadores de proteína animal. O homem notou que peixes mortos em regiões próximas ao mar tinham o processo de putrefação retardado. O vento agia como "polinizador" dessa conservação, trazendo partículas salinas de água marinha. O sol completava a mistura dos elementos naturais, tornando-se fonte primária de calor, necessária para a secagem da carne e intensificação da ação do sal sobre as moléculas dos peixes.

Mas há apenas 5 mil anos, com o advento da salmoura, o homem começou a longa aventura de conservar alimentos. A defumação, o cozimento, o uso do álcool, líquidos ácidos, gorduras animais e vegetais foram incorporados ao processo, complementando a ação do sal nessa conservação, enriquecendo seu sentido gastronômico.

Os romanos salgavam o peixe e faziam conservas com verduras; utilizavam molhos duráveis – como o *garum* –, úteis para temperar praticamente tudo o que era ingerido; produziam a "perna" de porco, como era chamado nosso presunto cru de hoje; dominavam o processo de conserva para alimentos lácteos, vegetais e animais, herança das várias fontes culturais que beberam pelo mundo.

Os celtas gauleses desenvolveram a técnica de salgar a perna – avô direto dos presuntos crus atuais –, intercalando massagens nessa musculatura com períodos de descanso em vento frio, fazendo que a ação do sal fosse mais profunda na carne. Os chineses curtiam o repolho em vinho e sal, mistura tão antiga que remete aos homens responsáveis pela construção da muralha da China.

Os egípcios e sumérios produzem manteiga desde 4000 a.C. graças ao sal. Os povos balcânicos, os *vikings* finlandeses, os povos asiáticos, os turcos, os indianos, todos eles, em alguma medida, contribuíram para criar a conserva, na forma como ficou conhecida no Ocidente.

Ainda hoje é comum, nas aldeias da Europa mediterrânea, encontrar mulheres preparando estoques de tomates em conserva para os meses frios do ano, como suas ancestrais faziam há milênios. Isso porque tal atividade, antes da existência dos produtos de mercado, era questão de sobrevivência, indispensável para a perpetuação dos indivíduos, parte vital dos ensinamentos que as mulheres traziam para o seio de suas famílias, sendo uma prenda necessária. Cozinhar não era apenas saber cozinhar e condimentar os alimentos. Cozinhar era um conjunto de atividades e conhecimentos que envolviam saber plantar, cuidar da horta e dos temperos, conservar alimentos, cuidar, matar e limpar galinhas, coelhos e outros animais de pequeno porte.

Os alimentos eram conservados no gelo ou sob a neve. Outra alternativa era a adição de vinagre, álcool, açúcar e mel. Havia, ainda, a submissão à fermentação ácida. Apenas no século XIX, as técnicas de esterilização, refrigeração e congelamento superficial seriam desenvolvidas, para, no século seguinte, surgirem a liofilização e a irradiação.

Nas pegadas do embutido

Um dos mais antigos compêndios culinários de que se tem notícia é um "livro de receitas" de um cozinheiro romano de nome Célio, reproduzido nas compilações do *De re coquinaria*,[1] de Marcus Gavio Apicius, que viveu em Roma por volta do ano 25 a.C. São dele a receita de salsichas (*lucanicae*) que se encontra na página 116 e as receitas de linguiça (*farcimina*) que ora apresentamos:

> Linguiça. Misture ovo e cérebro, *pinoles*, pimenta, *garum*, pouca gordura e recheie a tripa. Cozinhe em água; asse e sirva.[2]

> Outro modo: misture sêmola, cozida e batida, com carne moída e batida com *pinole*, pimenta e *garum*. Recheie a tripa, cozinhe na água, asse e, depois de salgar, sirva com salsão ou fatiado no prato.[3]

Anteriores à compilação de receitas de Apicio, no entanto, existem alguns manuscritos gregos de receitas culinárias, como no caso do siracusiano Miteco, que viveu por volta de 400 a.C. (e escreveu sobre a cozinha da Sicília), citado por Platão em *Górgias*, escrito para o rei de Siracusa.[4] Infelizmente essa e outras obras se perderam quase completamente, restando delas apenas algumas citações. Em *O banquete dos sábios*, uma compilação feita por Ateneu (um grego da cidade de Naucratis, que teria vivido entre os séculos II e III de nossa era), há uma afirmação de que um homem, de nome Afronitas, teria inventado as morcelas e os

---

1   Marcus Gavius Apicius, *De re coquinaria libri decem*, edição em latim disponível em http://www.gutenberg.org/files/16439/16439-h/apicius.htm#apicius, feita por Cesare Giarratano e Franz Vollmer, de Leipzig.

2   "(57) *lib. ii. sarcoptes, v. farcimina. 1. Ova et cerebella teres, nucleos pineos, piper, liquamen, laser modicum, et his intestinum implebis. elixas; postea assas et inferes*". Ibidem.

3   "(58) *lib. ii. sarcoptes, v. farcimina. 2. Aliter: coctam alicam et tritam cum pulpa concisa et trita una cum pipere et liquamine et nucleis. farcies intestinum et elixabis, deinde cum sale assabis et cum sinapi inferes, vel sic concisum in disco*". Ibidem.

4   Platão, *Górgias*, LXXIII, disponível em http://www.cfh.ufsc.br/~wfil/gorgias.pdf.

chouriços de porco.[5] Mais para trás, em afrescos, pinturas e decorações em utensílios, há registros gastronômicos de egípcios, fenícios e hititas, e conhece-se algo de seus regimes alimentares, mas deles não há documentos escritos de receitas culinárias, não sendo possível afirmar, portanto, se faziam, ou não, embutidos ou com que os preparavam.

No século VIII a.C., há menções a porcos na *Odisseia*, de Homero – a feiticeira Circe coloca os companheiros de Ulisses em pocilgas, não sem antes dar-lhes comida, para que esqueçam o passado, e tocá-los com uma vara mágica.

Retrocedendo ainda mais, fala-se do rei babilônio Nabucodonosor I (1127 a.C.-1105 a.C.), o que construiu os jardins suspensos da Babilônia. Diz a lenda que era apreciador de linguiças similares aos salames italianos de hoje. Tal embutido pressupõe animais domesticados e fixação do homem na terra. Seriam feitas de porco?

A cabra foi o primeiro animal a ser domesticado, há aproximadamente 12 mil anos, seguido pelo boi, que, em vários locais, aparece junto ao homem a partir de 9 mil anos atrás, e seu último ancestral selvagem, o *bos primigenius*, ou auroque, foi morto na Polônia, em 1627. Os egípcios cultivam gansos, cavalos, bois, galinhas e patos pelo menos desde 2.500 anos antes de Cristo.

Portanto, parece impertinente considerar a história do embutido vinculada ao porco, por inegável que seja a hegemonia deste como fonte dos embutidos na atualidade. Tampouco é pertinente vincular a prática de embutir unicamente à de cultivar suínos. Afinal, populações que não criam esse animal – por razões climáticas, topográficas e religiosas – não deixam de ter embutidos, como no caso dos popularíssimos *merguez*, de carneiro, na África do Norte, e dos pescoços de galinhas recheados (*kishke*) na Europa Central.

---

5   *Apud* Eva Celada, "Introdução", *Os segredos da cozinha do Vaticano*, disponível em http://www1.folha.uol.com.br/folha/ilustrada/20070314-cozinha_do_vaticano.pdf.

Os primeiros porcos a serem domesticados eram animais de aspecto similar ao do javali, domesticado *in natura,* nos bosques, mantendo-se elegante, com pernas longas e finas. Eram os chamados *porci singulares* (de onde vem o termo francês "sanglier" e o italiano "cinghiale").

Mas quais as diferenças entre o *porci singulares* e o porco que conhecemos hoje? Muitas. Esse porco "ancestral" era sempre marrom, nunca rosado. Sua compleição era longilínea, com pernas compridas e cabeça menor. Além disso, comia apenas bolotas de carvalho, feijões e frutas silvestres, pelas próprias condições de seu *habitat.*

Na antiguidade, o suíno selvagem, semisselvagem ou doméstico era fonte de carne na culinária europeia, escapando das proibições religiosas hebreias e muçulmanas. Seu uso como alimento remete à pré-história. Etruscos e gauleses – mas principalmente romanos da planície lombarda –, faziam amplo uso da carne suína. E também no Oriente se atesta sua presença. Em artigo,[6] o antropólogo Kim Seung-Og, ao analisar vasos mortuários encontrados em sítios arqueológicos neolíticos, demonstra que a domesticação suína está presente no norte da China desde 4.300 a.C.

Em tempos bem mais recentes, documentos mostram como fonte de embutidos a carne de muitos animais. A preferência dos consumidores define o que se produz e, com isso, o embutido deixa um rastro social no modo de produção, da criação à comercialização.

---

6   Seung-Og Kim, "Burials, Pigs, and Political Prestige in Neolithic China", em *Cultural Anthropology,* 35 (2):119-141, novembro de 1994.

Perfil do embutido

O invólucro

É difícil imaginar que os intestinos de um animal sejam comestíveis. No entanto, eles têm, ao mesmo tempo, uma superfície espessa e sólida – resistente para acondicionar recheios –, além de fina e permeável, permitindo o processo de secagem. Afinal, as membranas que protegem os órgãos dos animais existem para acondicionar recheios e, assim, podem servir como invólucro.

Mas as tripas de bovinos, suínos e caprinos, mesmo sendo comestíveis, macias e suculentas, além de altamente permeáveis à defumação, apesar de irregulares no tamanho e na espessura, também contêm alta carga microbiana.[1]

Para sanar essas dificuldades e para criar um produto de muito maior volume, a indústria foi aperfeiçoando tripas artificiais e o estado da arte permite três grupos de tripas artificiais, aprovadas pelas legislações do mundo inteiro: as de colágeno reconstituído, as à base de celulose e as sintéticas, que permitem uniformidade e pouca carga bacteriana.

Serviços sanitários agem com extremo rigor na classificação e fiscalização dos invólucros dos embutidos, dividindo-os em duas categorias: os alimentícios, com peças compostas de tripas e outras membranas colágenas, e os não alimentícios, inofensivos à saúde, feitos de celulose, linho ou bases sintéticas, como o plástico que embala salsichas.

As determinações sobre o uso de material não alimentício são rigorosas, incluindo as da lei brasileira.

---

1 Ver Carlos A. L. Oderich, *Tecnologia de alimentos. Industrialização de carnes: produção de salsichas*, trabalho de conclusão de curso de engenharia química (Porto Alegre: Escola de Engenharia, Universidade Federal do Rio Grande do Sul), p. 15, disponível em http://www.enq.ufrgs.br/cursos/grad/TrabConc/TCC_2007_2/TCC%20carlos%20oderich.pdf.

O mercado aceita antigos métodos artesanais e invólucros orgânicos para produtos de maior qualidade. Salames e linguiças secas mantêm-se vivos e saudáveis, resistindo às mudanças ocorridas com o passar dos anos.

Materiais orgânicos de origem animal continuam sendo o principal invólucro utilizado, porém, seja qual for o material utilizado, todos passam por uma verificação técnica da qualidade do tecido, o que inclui lavagem e dilatação, à base de ar comprimido, para melhor análise.

As tripas bovinas e suínas brasileiras são das que têm valor reconhecido internacionalmente, sendo exportadas para vários países, incluindo alguns de vasta tradição em regulamentos sanitários, como mostra o artigo que reproduzimos abaixo:

Suíça pede à UE fim do embargo à tripa brasileira

O governo suíço pediu formalmente para a União Europeia pôr fim à proibição da importação de tripa de gado bovino zebu do Brasil, para poder produzir a "cervelas", salsicha que é um verdadeiro símbolo nacional e considerada ameaçada pelo excesso de zelo da burocracia de Bruxelas. A produção de "cervelas" chega a 160 milhões de unidades por ano, perto de 25 mil toneladas. Representa 30% da produção de salsicha do país. Na média, um suíço consome 25 "cervelas" por ano, sobretudo no verão, com uma boa cerveja. Foi reconhecida como produto nacional na exposição universal de Paris de 1901, ao lado do chocolate e do queijo Emmental.

[...]

A tripa dos argentinos e uruguaios produz uma curvatura diferente, a salsicha queima mais e o sabor também muda. Por pressão de fabricantes, políticos e organizações de consumidores, o governo suíço teve que instalar uma "força-tarefa" para examinar soluções. Foi feito um estudo científico de risco por especialistas internacionais. Concluiu-se que o risco de contaminação pelo consumo de salsicha fabricada com intestinos do zebu brasileiro é "extremamente baixo", 440 vezes menor do que no consumo de um bife "T-Bone", autorizado como produto alimentar. Além disso, os suíços observam que o Brasil até hoje não registrou um único caso de "vaca louca" em seu território e foi colocado na categoria de "país com risco negligenciável", o que torna a proibição da tripa ainda mais incompreensível. A demanda de liberação para a tripa brasileira foi apresentada formalmente na semana passada à Comissão Europeia. Os suíços afirmam que não podem ficar sem as importações originárias do Brasil para a assegurar a produção de "cervelas" no longo prazo. Só o restabelecimento da importação da tripa brasileira permitirá resolver definitivamente o problema de abastecimento. A produção de "cervelas" está assegurada até meados de 2009. Mas o estoque de tripa está baixando consideravelmente e os fabricantes não querem importar de outros países. Daí a pressão dos suíços, provavelmente em sua última intervenção diplomática do ano em Bruxelas.[2]

O recheio e os critérios de classificação

Enquanto, nos embutidos em si, a embalagem do recheio se resume a invólucros orgânicos ou inorgânicos, a classificação dos recheios é mais difícil, podendo ser divididos segundo seu conteúdo proteico, processo de preparo, tipo de mistura, dimensões, etc.

Embutidos são produzidos com carne crua ou cozida (exceção feita àqueles sem carne no recheio). Entre os de carne crua, há uma subdivisão: os de rápido consumo, embutidos frescos, que vão ser grelhados, fritos ou cozidos logo antes do consumo; e os que recebem preparação para secar e defumar.

---

2   Assis Moreira, "Suíça pede à UE fim do embargo à tripa brasileira", *Valor Econômico*, São Paulo, 29-12-2008.

Mas o embutido é mais que uma mistura de carne e especiarias trituradas para rechear determinada embalagem de origem animal, vegetal ou sintética. No geral, é feito majoritariamente de carne magra, misturada com uma porção menor de carne gorda, vinda da banha dorsal do porco. É possível diferenciar uma da outra pelo ponto de moagem – fina, no salame hamburguês, no qual a gordura é distribuída pela mistura inteira; grossa, no salame italiano, em que é possível identificar grandes pedaços de matéria gorda –, o que, por si, determina um dos aspectos que conferem tipicidade e definem preferências.

Entretanto, se o ponto de moagem é uma das principais diferenças entre os vários tipos de salames, linguiças e salsichas, também as dimensões do embutido são parâmetros para caracterizá-los, seja em comprimento, seja diâmetro. Às vezes, a salsicha difere do salsichão somente pelo tamanho, e este determina o hábito de consumo. No Brasil, a salsicha do tipo Frankfurt é a utilizada em cachorros-quentes, ao passo que a mesma salsicha, em versão maior, apelidada "pinguim", é consumida sem pão, eventualmente com salada de batatas e maionese, muitas vezes como acompanhamento de cerveja, "à moda", como é servida nos restaurantes alemães. Trata-se de embutidos compostos pela mesma mistura, com variação de tamanho.

É possível classificar os embutidos também pelas especiarias usadas. São centenas os que levam certo tipo de pimenta vermelha seca, e são milhares aqueles com alho e pimenta-do-reino, moídos ou quebrados. Muitos são temperados com sementes de erva-doce, e outros tantos trazem consigo pimentões secos, como a páprica. Outros levam algum tipo de álcool no preparo.

A base de mistura – a *mêlée*, em francês – contém sal, açúcar, aditivos (como o salitre) e fermentos naturais. Pode ser condimentada somente com sal, mas quase sempre é enriquecida com grãos de pimenta e alho, acrescida muitas vezes de grãos (cevada e arroz), frutas secas (amêndoa, castanha, figo), algum licor ou mesmo queijo.

A fabricação

O embutido é uma tripa recheada de carne. Eventualmente, seu invólucro é uma parte da pele do animal cuja carne serve para recheá-la, como são os casos do *zampone* e do *cappello del prete*. É um aproveitamento de produtos perecíveis que emprega um invólucro igualmente perecível. Se nada fosse além disso, teria importância histórica – enquanto método que evita, e evitou, o desperdício prematuro de partes alimentícias –, mas não gastronômica.

A relevância surge porque sua carne é preparada por dezenas de técnicas e complementada por centenas de ingredientes, de aprovação indiscutível por considerável parte das culturas que o mantiveram através dos séculos. É o lado gastronômico que faz do embutido um produto resistente às mudanças culinárias dos povos.

O embutido pode ser recheado com carne crua, cozida, defumada ou seca. É preparado no álcool, misturado com especiarias, frutas, sangue, banha. Pode ser feito de carne de porco, carneiro, cavalo, boi, javali, ganso, peru, pato ou galinha. Há aqueles compostos de pão e alho, verdura ou soja. Basta ter um invólucro, orgânico ou não. Nos orgânicos, o mais usado é a tripa, de porco ou boi, mas encontram-se diversos embutidos feitos da pele do pescoço da galinha e mesmo da do pé do porco. Além disso, há alternativas de tecido, como o linho, e sintéticas, como o plástico.

A partir das Grandes Navegações, difundiu-se no Novo Mundo, e essa difusão intensificou-se quando das constantes imigrações ocorridas entre a segunda metade do século XIX e o início do século XX, época em que viajantes traziam consigo, de suas terras natais, receitas que se tornaram conhecidas e apreciadas. Foi um processo de expansão e retração na direção de novos sabores e receitas, às vezes inspirados na tradição e na cópia – emulando a expansão dos gregos e romanos e os descobrimentos do século XVI.

Nos séculos XIX e XX, multidões povoaram os continentes ultramarinos, fosse como mão de obra – caso das frentes agrícolas do século XIX, deslocando centenas de milhares de italianos, espanhóis e portugueses pobres –, fosse por intolerâncias culturais e raciais – os judeus da Europa Oriental, expulsos de suas aldeias por constantes *pogroms*, por exemplo – ou mesmo para escapar das guerras do século XX e a consequente pobreza que as seguiu.

No que se refere à gastronomia, a profusão de culturas concentradas em localidades como Nova York, por exemplo, resultou no rompimento do isolamento e banalização da culinária produzida, tornando públicas comidas até então familiares, apesar das animosidades entre colônias, clãs e enclaves sociais.

Num primeiro momento, a culinária de cada uma das etnias presentes no caldeirão cultural da época voltou-se para o atendimento de seus consumidores naturais, para quem parecia impossível sobreviver sem sua comida tradicional. No afã de reproduzir a comida que ficou em sua terra natal, foi necessária criatividade e capacidade de adaptação, pois, no país de destino, inexistiam temperos e matérias-primas encontrados com facilidade no Mediterrâneo, nos Alpes ou nos Bálcãs, ou não existiam na mesma proporção. Foi preciso plantar o que era possível, dependendo da disponibilidade de sementes e de terra, e criar animais que talvez não se dessem bem nos novos ares. Tudo isso somado às dificuldades da nova condição urbana encontrada pelos imigrantes, em nada similar à situação rural que deixaram para trás.

A exiguidade das claras barreiras geográficas e socioculturais catalisaram o processo de promiscuidade na gastronomia. Em São Paulo, a *pizza* italiana foi reinventada, com recheios que apenas à sua menção já enojariam um napolitano. Na Califórnia, os *sushis* de maior sucesso foram aqueles que romperam as barreiras que isolavam a comida oriental do resto da população: receberam queijo cremoso e deram adeus ao *wasabi*, o característico acompanhamento de raiz-forte. Descaracterização, para serem aceitos. Em Nova York, a presença do zátar como tempero tradicional árabe foi atenuada, e tanto o quibe quanto as esfirras tornaram-se sucesso. Em poucos anos, cidades foram conquistadas por massas italianas, e pães enrolados como roscas, os *Bagels* ("bracelete", em alemão) e os *Herings* defumados – trazidos por judeus da Europa Oriental –, além de molhos e temperos árabes, culinária chinesa, cerveja irlandesa, etc.

No centro dessa profusão de sabores e *know-how* culinário estava o embutido, representado em (quase) todas as cozinhas nacionais, havendo intercâmbio de técnicas e incorporação de especiarias desconhecidas ou simplesmente esquecidas. O resgate, o enriquecimento e a criação de novos produtos foram tão rápidos quanto a queda das barreiras que cada cultura tentou construir em torno de si.

Técnicas de conservação

Técnicas tradicionais artesanais

O processo de feitura do queijo, da conserva do repolho, da produção do pão e do vinho são conhecidos há mais de 5 mil anos: desde muito tempo, portanto, sabe-se algo sobre enzimas e microbactérias. É um conhecimento que sempre evoluiu, produzindo novas técnicas.

As técnicas tradicionais de conservação são aquelas desenvolvidas antes do século XVIII: secagem ao sol e ao vento, salga a seco e em salmoura, defumação e cozimento. Houve constante aperfeiçoamento na eficácia contra a maioria dos micro-organismos cujo ambiente vital é líquido, aperfeiçoamento que se deu por pesquisa ou por mera obra do acaso, ampliando paulatinamente a segurança dos produtos conservados e aumentando em muito sua longevidade. Trouxe, ainda, revoluções ao paladar, graças ao álcool, ao mel, ao vinagre e ao açúcar introduzidos no processo, algumas vezes desnecessários à conservação propriamente dita, porém mantidos por seus aspectos gastronômicos.

De modo difuso, a secagem conseguiu os melhores resultados, em situações com geografia e clima muito diferentes entre si. Da Escandinávia à Europa mediterrânea, da África à Ásia, ainda hoje é comum encontrar alimentos dependurados para conservar, mediante a ação combinada de ar e sol, que desidrata e destrói enzimas e micro-organismos.

A salga reproduziu artificialmente a ação do sol e do vento por meio de vigorosa massagem da carne com uma mistura de água e sal (salmoura), facilitando a penetração do sal nas camadas mais internas dos tecidos da carne.

Para a secagem, um passo adiante foi dado mediante um calor ainda maior que o do sol: trata-se da exposição da carne salgada à ação da lenha em combustão (defumação) ou da água fervente (cozimento). Nela, além das bactérias e outros agentes – já expulsos pela secagem dos tecidos – eram eliminados outros micro-organismos, incapazes de sobreviver em um ambiente com temperatura superior a 100 °C.

Por onde passaram, ambos os processos – defumação e cozimento – deixaram marcas gastronômicas, alterando o gosto do produto conservado. Por conta disso, foram utilizados diversos tipos de madeira, não apenas aquela disponível na hora de defumar, mas também aquela que melhor reproduzia determinado sabor característico.

Do mesmo modo, a carne – cozida com o intuito inicial de conservação, para torná-la mais macia e resistente à podridão – ganhou os temperos que a fizeram cair no gosto popular e que se mantêm até hoje. Desde o seu domínio, os cozidos mantiveram-se em destaque nas cozinhas de todo o mundo, sendo método de preparo tanto de caldos que contêm os nutrientes das carnes, especiarias e verduras de seu preparo, como também no sentido contrário, provocando a migração do sabor de temperos líquidos para a carne. Todos os povos europeus e asiáticos que mantiveram suas tradições gastronômicas apresentam com orgulho seus *pot-au-feu*, na grande maioria, misturas consistentes de carne, verdura e farináceos.

No caso da gordura como método de conservação, a ação consiste em evitar o contato com oxigênio, lacrando-se a carne com uma capa que isola o tecido orgânico que se quer conservar. Ela foi utilizada, em tempos primórdios, exclusivamente para a conservação dos queijos, restrição que atrasou em alguns séculos seu uso generalizado, inclusive como complemento para a conservação das carnes, tarefa em que foi muito bem-sucedida.

Técnicas industriais modernas

Completando um ciclo de isolamento que começara com a salga, o vácuo induzido por calor, invenção do francês Nicolas Appert, em 1790, possibilita a criação de recipientes hermeticamente fechados. Aliado à esterilização, será o último grande passo para que a incipiente indústria inglesa se aventure a produzir os primeiros enlatados com titubeante grau de segurança.

A pasteurização era matéria dominada, um método de conserva por choque térmico, que submetia a temperaturas elevadas o produto destinado à preservação, que, posteriormente, era esfriado com rapidez, objetivando eliminar a presença de micro-organismos e limitar a perda de suas características nutricionais. Graças a esse sistema, leite, cerveja, vinho e sucos de fruta ganharam vida útil no mundo das mercadorias.

A busca da perfeição na preservação dos alimentos industrializados é perseguida ainda hoje, pois é catastrófico o ônus que cada ocorrência sanitária causa na imagem (nunca totalmente consolidada) dos produtos industrializados, levando à falência centenas de indústrias ao longo da história, além, evidentemente, das mortes que eventualmente causou por conta de cada uma dessas ocorrências. Ou seja, sempre foi questão de vida ou morte ganhar confiabilidade para essa indústria que, assim sendo, acabou por paulatinamente se tornar responsável por um número considerável de pesquisas científicas.

Isolar o alimento dos agentes de deterioração mostrou-se tarefa hercúlea, visto não bastar apenas isolá-lo pela água e pelo ar.

É apenas no século XIX que a humanidade acumula conhecimento e tecnologia suficientes para, finalmente, reproduzir e individualizar ambientes gelados. Os primeiros passos surgem com a invenção das primeiras máquinas industriais de refrigeração, em 1834, que permitiram, quarenta anos mais tarde, a criação de navios frigoríficos. Esses, a partir de 1875, criam a rota da carne congelada, da Argentina para o solo europeu.

Muito antes disso, desde o início do século XIX, o transporte do gelo para as áreas urbanas tinha bastante importância e movimentava verdadeiros exércitos de trabalhadores. Havia técnica suficiente para, no inverno, extrair, dos rios gelados, blocos de gelo padronizados e estocar toneladas desses blocos por até seis meses sem que se diluíssem totalmente. Tal atividade, como não podia deixar de ser, prosperava apenas em regiões onde o gelo se fazia de modo abundante, próximas a áreas urbanas em condições de absorver a demanda crescente, como no norte dos Estados Unidos e no Canadá. Esses mesmos consumidores foram amadurecendo a ideia de um dos produtos mais importantes da história dos eletrodomésticos, sonho de consumo de todo o mundo urbano – a geladeira doméstica. Na verdade, as máquinas de refrigerar que acomodavam os ditos cubos de gelo já existiam desde meados do século XIX, mas somente com o advento de sua versão elétrica, em 1913, que o produto ganha potencial, sendo fabricado em série nos Estados Unidos.

É preciso citar outras máquinas e técnicas ligadas à guerra contra a putrefação dos alimentos: os congeladores (ou *freezers*), a partir de 1960; as embalagens longa vida, em 1970; a tecnologia dos impulsos elétricos de curtíssima duração (menos de um milionésimo de segundo); as técnicas com banhos de luz, etc.

Quanto aos embutidos em particular, a demanda crescente exigiu dos produtores técnicas de conservação que mantivessem sua integridade e sabor em todos os quesitos, a começar pelo seu elemento mais característico: a embalagem.

Muito próximas do embutido são as conservas das partes nobres dos animais, resultado das mesmas técnicas de conservação, mas que não precisam ser envolvidas por nada, já que, devido às suas características físicas, se sustentam naturalmente. O exemplo emblemático é a perna, ou presunto, referência constante desta e de toda a literatura a respeito. São notórios e muito valorizados os presuntos italianos de Parma, cujas técnicas de produção são imitadas mundo afora. Tão ou mais importantes são os presuntos ibéricos e serranos espanhóis, de animais que se alimentam exclusivamente do fruto do carvalho, a *bellota*; ou bolota, em português.

Sem osso, o presunto torna-se *culatello*. Quando de coxa dianteira, ganha outras denominações, como paleta, na Espanha. Costeletas defumadas, ou *Kassler*, *bacon*, joelho de porco defumado e produtos salgados – orelha, pé, costeleta e outras partes que fazem parte da nossa feijoada – estão nesta categoria.

Se o presunto cru é o mais valorizado, o mais consumido é o presunto cozido, uma peça sem osso, difundida e consumida no mundo inteiro, perdendo em popularidade apenas para embutidos cozidos de preço mais acessível, como salsichas e mortadela.

Se nos embutidos a presença do suíno como matéria-prima é impositiva, nas conservas ela é praticamente exclusiva. São muito raras conservas de peças de carne animal que não sejam de suínos. Mas existem, em menor quantidade, particularmente com carnes de vitela, cordeiro e aves de criação. Atualmente, é comum encontrar peças defumadas de aves variadas, como frango, peru, pato e, até, avestruz.

As classificações

A classificação mais notável é aquela baseada no método de conservação, duradoura ou não, dos embutidos, que os divide em crus, cozidos, defumados e secos, e suas variações. Como exemplo, a usada na Alemanha, que ostenta mais de 1.200 tipos de salsicha, classifica seus embutidos em crus e pré-cozidos.

Linguiças cruas são feitas com carne crua e só são cozidas, se for o caso, pelo consumidor final. São preservadas por fermentação de ácido lático, e podem chegar a ser secas, curadas ou defumadas. A maior parte das salsichas cruas dura bastante tempo – como as *Cervelat* e *Mettwurst*. Já as salsichas pré-cozidas são feitas com carne cozida e podem incluir carne crua de algum órgão. Podem passar por processo de aquecimento logo após terem sido embutidas e vão durar apenas alguns dias – como as *Saumagen* e *Blutwurst*. Por fim, salsichas cozidas podem incluir água e emulsificantes e, obviamente, são sempre cozidas logo após terem sido embutidas e não duram por muito tempo – como as *Jagdwurst* e *Weißwurst*.

A nomeação

Mais do que nos países de língua latina, cujas raízes linguísticas se enriquecem no tempo e nas fusões, é possível reconhecer no inglês e no alemão atuais a lógica de nomeação de boa parte dos embutidos – de origem anglo-germânica, é claro –, que permite reconhecer a definição de cada produto no próprio nome. *Leberwurst* (*Wurst*, "tripa", isto é, "salsicha, etc."; *Leber*, "fígado": "salsicha de fígado"); *Blutwurst,* (em que o componente embutido na tripa é o *Blut*, "sangue": "chouriço de sangue"), como tantas outras nomenclaturas motivadas de igual modo. Ao contrário, nomes como *mortadella* (em que só há conjeturas a respeito), *fuet* (do provençal *fuet*, "chicote, tira de couro", semelhante a seu formato, fino e longo), *guijuelo* (que remete à zona de produção do presunto, na Espanha), paio (do galego-português, "[linguiça, chouriço] de padre") e tantos outros de produtos latinos, pela própria lógica usada na denominação, não nos darão uma informação tão imediata sobre o conteúdo do embutido, exceções feitas a denominações como a *pancetta* e o *sanguinaccio*, cujos nomes, italianos, remetem diretamente à barriga e ao sangue.

Ao lado da denominação genérica dos embutidos, existe outra relativa à sua procedência, com o intuito mercadológico de diferenciar os produtos a partir da sua origem. No âmbito da União Europeia, a proteção e a valorização dos produtos agrícolas e agroalimentares europeus, entre os quais os embutidos, traduz-se no Regulamento (CE) nº 510/2006 do Conselho, de 20 de março, que constitui a base jurídica referente à proteção das Indicações Geográficas (IGP) e das Denominações de Origem (DOP).

Essa prática, que tem suas origens no Renascimento, extrapola os embutidos e "invade" outros campos da atividade agrícola, como o vinho e os queijos, sendo responsável pela sobrevivência e saúde de muitos produtos, que, de outro modo, teriam deixado de existir.

São muitos os embutidos que fazem do nome de sua cidade ou região de origem garantia de qualidade. Montbéliard, Morteau, Strasbourg, Toulouse, Frankfurt, Turíngia, Nuremberg e Pomerânia são, além de regiões, nomes de embutidos. Na Inglaterra, há Cumberland, Chiltern e Lincolnshire. Na Itália, a *salsiccia toscana, cotechino di Modena*. E, na Espanha, *butifarra catalana, chorizos "riojano", "galego" e "teror", longaniza de Aragon,* ou *de Valencia, morcilla de Burgos, de Ronda* e *"extremeña", morcilla dulce Canaria, salchichón de Vic, fuet d'Olot, sobrasada "mallorquina", botillo de León,* etc.

ALEMANHA

Geschützte Ursprungs-bezeichnung (g.U.)	Denominação de origem protegida
Geschützte geografische Angabe (g.g.A.)	Indicação geográfica protegida
Garantiert traditionelle Spezialität (g.t.S.)	Especialidade tradicional garantida
Ammerländer Dielenrauchschinken/ Ammerländer Katenschinken (IGP)	Presunto de fumeiro com carne bovina
Ammerländer Schinken/ Ammerländer Knochenschinken (IGP)	Presunto com osso
Greußener Salami (IGP)	Salame
Nürnberger Bratwürste/ Nürnberger Rostbratwürste (IGP)	Linguiças de pernil cortado miúdo para grelhar
Schwarzwälder Schinken (IGP)	Presunto
Thüringer Leberwurst (IGP)	Linguiça de fígado
Thüringer Rostbratwurst (IGP)	Linguiça para grelhar
Thüringer Rotwurst (IGP)	Vermelha (de sangue)

ÁUSTRIA

Gailtaler Speck (IGB)	Presunto cru levemente defumado
Tiroler Speck (IGP)	

BÉLGICA

Jambon d'Ardenne (IGP)	Presunto

ESPANHA

Denominación de Origen Protegida (DOP)	Denominação de origem protegida
Indicación Geográfica Protegida (IGP)	Indicação geográfica protegida
Especialidad Tradicional Garantizada (ETG)	Especialidade tradicional garantida
Botillo del Bierzo (IGP)	Embutido de costelas e rabo de porco
Cecina de León (IGP)	De carne bovina curada
Dehesa de Extremadura (DOP)	Presunto
Guijuelo (DOP)	
Jamón de Huelva (DOP)	
Jamón Serrano (ETG)	
Jamón de Teruel (DOP)	

(cont.)

Jamón de Trevélez (IGP)

Lacón Gallego (IGP)

Salchichón de Vic o Llonganissa de Vic (IGP)

Sobrasada de Mallorca (IGP)

FRANÇA

Appellation d'Origine Protégée (AOP)	Denominação de origem protegida
Indication Géographique Protegée (IGP)	Indicação geográfica protegida
Spécialité Traditionnelle Garantie (STG)	Especialidade tradicional garantida
Boudin blanc de Rethel (IGP)	
Canard à foie gras du Sud-Ouest (IGP) (Chalosse, Gascogne, Gers, Landes, Périgord, Quercy)	
Jambon de Bayonne (IGP)	
Jambon sec et noix de jambon sec des Ardennes (IGP)	

INGLATERRA E IRLANDA (REINO UNIDO)

Protected Designation of Origin (PDO)	Denominação de origem protegida
Protected Geographical Indication (PGI)	Indicação geográfica protegida
Traditional Speciality Guaranteed (TSG)	Especialidade tradicional garantida
Timoleague Brown Pudding (IGP)	

ITÁLIA

Denominazione d'Origine Protetta (DOP)	Denominação de origem protegida
Indicazione Geografica Protetta (IGP)	Indicação geográfica protegida
Specialità Tradizionale Garantita (STG)	Especialidade tradicional garantida
Bresaola della Valtellina (IGP)	
Capocollo di Calabria (DOP)	
Coppa Piacentina (DOP)	
Cotechino di Modena (IGP)	
Culatello di Zibello (DOP)	
Lardo di Colonnata (IGP)	
Mortadella Bologna (IGP)	
Pancetta di Calabria (DOP)	

(cont.)

Pancetta Piacentina (DOP)

Prosciutto di Carpegna (DOP)

Prosciutto di Modena (DOP)

Prosciutto di Norcia (IGP)

Prosciutto di Parma (DOP)

Prosciutto di San Daniele (DOP)

Prosciutto di Veneto Berico-Euganeo (DOP)

Prosciutto Toscano (DOP)

Salame Brianza (DOP)

Salame Cremona

Salame di Varzi (DOP)

Salame d'oca di Mortara (IGP)

Salame Piacentino (DOP)

Salamini italiani alla cacciatora (DOP)

Salsiccia di Calabria (DOP)

Soppressata di Calabria (DOP)

Sopressa Vicentina (DOP)

Speck dell'Alto Adige,
    Sudtiroler Speck (IGP)

Valle d'Aosta Jambon de Bosses (DOP)

Valle d'Aosta Lard d'Arnad (DOP)

Zampone Modena (IGP)

LUXEMBURGO

Salaisons fumées marque nationale
    Grand-Duché de Luxembourg (IGP)

PORTUGAL

Denominação de Origem Protegida (DOP)

Indicação Geográfica Protegida (IGP)

Especialidade Tradicional Garantida (ETG)

Alheira de Barroso-Montalegre (IGP)

Cacholeira branca de Portalegre (IGP)

(cont.)

Chouriça de carne de Barroso-Montalegre (IGP)

Chouriça de carne de Vinhais ou
   Linguiça de Vinhais (IGP)

Chouriço de Abóbora de Barroso-Montalegre (IGP)

Chouriço de Carne de Estremoz e Borba (IGP)

Chouriço de Portalegre (IGP)

Chouriço Grosso de Estremoz e Borba (IGP)

Chouriço Mouro de Portalegre (IGP)

Farinheira de Estremoz e Borba (IGP)

Farinheira de Portalegre (IGP)

Linguiça de Portalegre (IGP)

Linguiça do Baixo Alentejo ou
   Chouriço de carne do Baixo Alentejo (IGP)

Lombo branco de Portalegre (IGP)

Lombo enguitado de Portalegre (IGP)

Morcela de assar de Portalegre (IGP)

Morcela de cozer de Portalegre (IGP)

Morcela de Estremoz e Borba (IGP)

Paia de Lombo de Estremoz e Borba (IGP)

Paia de Toucinho de Estremoz e Borba (IGP)

Paio de Beja (IGP)

Paio de Estremoz e Borba (IGP)

Painho de Portalegre (IGP)

Presunto de Barrancos (DOP)

Presunto de Barroso (IGP)

Salpicão de Barroso-Montalegre (IGP)

Salpicão de Vinhais (IGP)

Sangueira de Barroso-Montalegre (IGP)

Fonte: Comission Européenne. DOOR – Base de données sur l'origine et l'enregistrement. Disponível em
http://ec.europa.eu/agriculture/quality/database/index_fr.htm

Evidentemente, para ser um bom embutido não é preciso ter origem e denominação de produção controlada. Muitos são resultado de trabalho sério, criterioso e em conformidade com as exigências sanitárias requeridas, como no caso dos produtores brasileiros, que não possuem denominação de origem controlada, mas nem por isso deixam de apresentar salames, *sopressatas*, *culatellos*, chouriços e mortadelas de excelente qualidade.

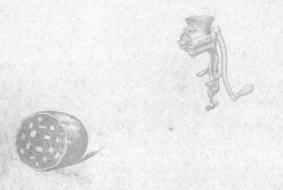

Os embutidos de carne crua

Os embutidos de carne crua, e fresca, são aqueles que, se considerados do ponto de vista da conservação, não são feitos para durar. São interessantes sob o ponto de vista gastronômico e têm usos variados em diversos países, mas, por terem seu consumo próximo ao fim de seu preparo, ou seja, um prazo de validade curto, podem parecer apropriações da técnica de embutir para uma função diferente da original, que é conservar. Na prática, no entanto, elementos como vísceras e sangue sempre se serviram de invólucros, uma forma útil de, sem perdas, reservar para uso posterior.

Pertencem a este grupo as linguiças frescas de consumo rápido e a carne verde, que necessitam boa refrigeração, sendo conhecidas em vários formatos, como a sul-africana *boerwors*, o *embuchado de lomo* e a linguiça calabresa fresca, ideais para grelhar e fritar.

Quando a carne é embutida crua, como etapa para um preparo mais longo, é classificada na categoria de secas e/ou defumadas. A secagem ocorre após vários dias da montagem do embutido, quando ele vai estar "desidratado" e terá desenvolvido micro-organismos benéficos à sua conservação e fixação do sabor, pois é nesse estágio que o embutido adquire qualidades organolépticas, graças às sucessivas transformações físico-químicas e bioquímicas dos glicídios, lipídios e proteínas presentes na mistura. É curioso considerar que o processo de conserva mantém esses micro-organismos em ação, resistindo à tendência a esterilização total. Pertencem a esse grupo praticamente todos os embutidos que não foram previamente cozidos na água ou num líquido qualquer.

Também são crus os conservados em sal, como os salames, que, após a mistura com vários ingredientes e especiarias, fermentam durante um dia antes de ser embutido. É o grupo dos embutidos de conserva por excelência, feitos para durar por longos períodos.

Os salames

A Itália, assim como os países peninsulares europeus banhados pelo Atlântico, tem seus salames locais em todas as suas regiões, cada um com seu perfume, mas muitos são os que se assemelham nos ingredientes e na confecção básica. A *Grande enciclopedia illustrata della gastronomia*[1] oferece ilustrações e nomenclaturas, no sentido de exemplificar a variedade. Apresenta ilustrações e fotos de linguiças frescas,[2] como a *luganica ou lucanica*; salames cozidos, como o *cotechino*, o *zampone* e o *cappello del prete*; salames secos feitos a partir de peças inteiras, como o *fiochetto*, a *pancetta* defumada, a *pancetta arrotolata* (ou enrolada), a *coppa piacentina*, o *speck* e a *bresaola*; salames de carne moída, que se consomem crus, como o *salame di Varzi*, o *salame di Fabriano*, a *salsiccia di Secondigliano*, a *sopressa veneta*, a *sopressata meridionale*, o *cacciatore* e *o cacciatorini*, o *salame di Felino* e o *salame di Milano*.

Entre os crus e secos encontram-se as enormes famílias dos *saucissons secs* e dos embutidos espanhóis, como o *cantimpalo*, feito de copa (ombro e sobrepaleta), lombo e pernil de porco temperado, temperados com um misto de especiarias em que prevalece a presença das pápricas doce e picante, de fácil identificação por ser envolvido por uma pele branca advinda do processo de cura. Há ainda o *chorizo*, a linguiça espanhola curada, quase sempre muito apimentada, e o *fuet*, salame catalão extremamente delicado, de formato fino e alongado, de textura firme, levemente adocicado e apimentado.

Os produtores franceses encontraram na internet um canal para comercializarem seus produtos típicos, provendo aos usuários a oportunidade de conhecer

---

1   Marco Guarnaschelli Gotti (org.). *Grande enciclopedia illustrata della gastronomia* (Milão: Reader's Digest, 1990).

2   *Ibid.*, pp. 749-751.

um pouco de sua diversidade e receitas, como o *jambon d'Ardèche*, que é um presunto curado, feito com o pernil do porco, com o osso, a partir de uma receita documentada em 1767, no cantão franco-suíço do Jura. Há os excelentes salames franceses-catalães conhecidos por *rosette*. Um produtor de Lyon apresenta um produto similar ao *rosette*, chamado *jesus*, cujas diferenças são sutis: ponto de moagem maior, feitio menos cilíndrico, mais bojudo. Interessante notar que os produtores continuam apresentando produtos de carnes de caça e de outras matrizes. O *jesus*, no caso, pode ser de burro, javali, avestruz, peru, cervo, touro, cabra, cabrito e bisão. O *Larousse Gastronomique*[3] conta que o *jesus* é um grande salame, encontrado não apenas na região lionesa, mas também na Alsácia e no Jura, como também atravessa a fronteira da Suíça, sendo extremamente popular no país vizinho. Ele é feito de uma mistura grosseira de carne de porco embutida na parte mais larga do intestino grosso. O *jesus* lionês é submetido a uma defumação, o que lhe dá um sabor diferenciado.

Outro produtores se ocupam em anunciar seus salames com queijo – *beaufort, tartiflette, roquefort, chèvre, bleu d'Auvergne* –, além daqueles com algum tipo de marmelada ou outros temperos na mistura, como vinho Beaujolais, azeitonas verdes, frutas vermelhas, nozes, avelãs, ervas, alho e pimenta.[4]

---

3   Trata-se da edição de bolso em língua inglesa, do *Larousse Gastronomique* (Londres: Mandarin, 1986).

4   O movimento Slow Food comercializa um livro, intitulado *Salumeria d'Italia*, que lista 209 tipos de salames italianos tradicionais, dos mais famosos àqueles em vias de extinção. Esse número fornece um parâmetro da importância dos salames como produto agroindustrial ou artesanal. Assim temos: de Abruzzo, *mortadella di composto*; da Calábria, *capicollo azze anca grecanico*; da Campania, *sopressatta di Gioi*; da Emilia Romagna, *culatello di Zibello, mariola, mortadella classica, salama da sugo, spalla cruda*; de Friuli-Venezia Giulia, *pestàt di Fagagna, pitina*; da Lombardia, *violino di capra della Valchiavenna*; de Marche, *salame di Fabriano*; de Materana, *pezzente di montagna*; de Molise, *signora di Conca Casale*; do Piemonte, *mortadella delle Valle Valdese, palleta di Coggiola, salama delle Valli Tortonese, testa in cassetta di Gavi*; de Puglia, *capicollo di Martina Franca*; da Toscana, *biroldo della garfagnana, mallegato, mortadella di prato, prosciutto del Casentino, prosciutto Bazzone, tarese valdarno*; do Trentino-Alto Adige, *ciughe del banale, luganega trentina, mortadella della Val di Non*. Ver http://www.presidislowfood.it/ita/lista.lasso (selecionar *salume* na caixa de pesquisa). Ver ainda http://saucisson.sec.free.fr/descriptif.htm.

Em Ferrara, na Itália, há um produto de que não pode ser esquecido – a *salama da sugo*, curada por pelo menos um ano, recheada por uma mistura finamente moída de sobras de carne suína, temperada com pimenta, sal, canela, cravo, vinho tinto e, eventualmente, perfumada com marsala, brandy ou mesmo rum. Depois do tempo de cura, a *salama* é lavada em água morna e embalada numa tela para imergir numa panela de modo a não tocar em suas paredes ou fundo. Deve cozinhar lentamente por cinco horas. É consumida com purê de batata.

Os embutidos de carne cozida

As salsichas

O embutido cozido, por excelência, é a salsicha. Em várias línguas, seu nome – *salsitxa* (cat.), *salchicha* (esp.), *saucisse* (fr.), *selsig* (gal.), *sausage* (ing.), *salsiccia* (it.), *salsicha* (port.) – deriva do latim, significando "*sale* e *ciccia*", ou seja, "sal e carne", carne que passou por um processo de conserva em sal.

Em português, "salsicha" não determina o mesmo objeto que o italiano "*salsiccia*", equivalente à "linguiça" portuguesa (e brasileira). A diferença básica entre os dois está no modo de preparo: a linguiça é fruto de carne crua – fresca ou curtida –, cuja moagem mostra com nitidez as partes gordas e magras da mistura, ao passo que, na salsicha, a mistura é sempre cozida e a moagem se dá a ponto de se confundirem os ingredientes que a compõem.

Os gregos chamam a salsicha de *lukaniko* (como as *lucanicas*, de Apício),[1] dada a descoberta feita a partir de costumes difundidos pelos escravos de Basilicata, na antiga Lucânia (Lucca), sempre associada à produção de embutidos.

Para os povos de língua inglesa, *breakfast sausage* é o sentido antropológico que o alimento adquire ao ser usado em outros hábitos alimentares que não os da origem do produto: "salsicha do desjejum". Povos latinos não costumam vinculá-la ao café da manhã, mas a outras refeições e a outras bebidas que não a cerveja. A *sausage* usualmente vem acompanhada de ovos ou panquecas. Nos Estados Unidos, a salsicha mais popular de todas é a Frankfurter ou *hot dog*, que os alemães de Frankfurt ironicamente chamam de *wiener*, ou salsicha vienense.

É dito que o inventor do *hot dog* teria sido um açougueiro alemão que vendia seus produtos nos arredores das praias de Manhattan e que, por não ter como servir a salsicha que saía da água fervendo – arriscando queimar a mão daqueles

---

1   Ver receita na p. 116.

que quisessem comê-la ainda quente –, teria envolvido a dita numa massa de torta macia. Porém, há controvérsias: documentos mostram que o *hot dog* surgiu em 1904, numa feira organizada na Louisiana, apresentado por um expositor da Bavária, Anton Feuchtwanger, que criou o sanduíche com a ajuda de seu irmão padeiro. Mas a polêmica sobre sua origem não para por aí, e esquentou bastante depois da afirmação de Bruce Kraig, Ph.D. da Universidade de Roosevelt, de que os alemães sempre comeram *"Dachshund sausage"* com pão.[2]

Ficamos sabendo[3] que, nas salsichas do tipo Viena, Frankfurt e outras, é permitido à indústria brasileira trabalhar com apenas 55% de material orgânico na confecção do embutido, podendo utilizar, em até 10%, água, gelo produzido com água potável ou ainda plasma congelado, em flocos; que é igualmente permitido usar o que os técnicos chamam de matérias "ligadoras", como leite em pó; ou produtos derivados de soja, como proteínas texturizadas, concentradas e isoladas, que não ferem o produto no sentido alimentício, apesar de alterarem profundamente o paladar e, portanto, o sentido gastronômico. Sem qualquer declaração no rótulo, elas podem estar presentes na mistura em até 10,5%; e, com declaração, em até 22,5%.

Embutidos industriais que usam da regulamentação aprovada pelas leis sanitárias em vigor no Brasil[4] não são criminosos, já que complementam a nutrição

---

2   Literalmente, "salsicha de cachorro linguiça", com pão... Ver o documento, realizado em colaboração com o CICT (Centre d'information des charcuteries-produits traiteurs) e o National Hot Dog and Sausage Council, disponível em http://www.hot-dog.org/. Ver, ainda, http://www.emmeti.it/Cucina/Emilia_Romagna/Prodotti/Emilia_Romagna.PRO.184.it.html.

3   Em estudo publicado por Roberto de Oliveira Roça, do Laboratório de Tecnologia dos Produtos de Origem Animal, da Fazenda Experimental Lageado (Faculdade de Ciências Agronômicas da Universidade Estadual Paulista Júlio de Mesquita Filho, Campus de Botucatu), disponível em http://dgta.fca.unesp.br/docentes/roca/carnes/Roca113.pdf.

4   A legislação brasileira sobre salsicha está disponível na internet em http://extranet.agricultura.gov.br/sislegis-consulta/consultarLegislacao.do?operacao=visualizar&eid=7778 e em http://extranet.agricultura.gov.br/sislegis-consulta/servlet/VisualizarAnexo?id=1641.

de seus usuários em alguma medida, mas sua concepção é oposta à dos embutidos mais nobres, na medida em que são a base alimentícia do *fast food*, enquanto os outros são legítimos representantes do movimento *Slow Food*! É o cachorro-quente comido de qualquer jeito, para não se perder tempo nem dinheiro com a refeição, contra um produto de tradição regional, parte importante da cultura e dos costumes gastronômicos.

Por mais que o Brasil faça sucesso de fato na venda de tripa bovina e suína, além de alguns componentes cárneos, usados para a confecção de produtos de acordo com técnicas e temperos locais, vemos que, para poder exportar seu produto acabado, o país adaptou-se às legislações internacionais.

Em seu parágrafo 2, a legislação em vigor define salsicha como:

O produto cárneo industrializado, obtido da emulsão de carne de uma ou mais espécies de animais de açougue, adicionados de ingredientes, embutido em envoltório natural, ou artificial ou por processo de extrusão, e submetido a um processo térmico adequado.

Nota: As salsichas poderão ter como processo alternativo o tingimento, depelação, defumação e a utilização de recheios e molhos.

Para, logo em seguida, classificá-lo como um produto cozido, feito de carnes de diferentes espécies de animais de açougue, "carnes mecanicamente separadas até o limite máximo de 60%, miúdos comestíveis de diferentes espécies de animais de açougue (estômago, coração, língua, rins, miolos, fígado), tendões, pele e gorduras", para classificar os diferentes tipos de salsicha com as seguintes denominações:

Salsicha Tipo Viena – Carnes bovina e/ou suína e carnes mecanicamente separadas até o limite máximo de 40%, miúdos comestíveis de bovino e/ou suíno (estômago, coração, língua, rins, miolos, fígado), tendões, pele e gorduras.

Salsicha Tipo Frankfurt – Carnes bovina e/ou suína e carnes mecanicamente separadas até o limite de 40%, miúdos comestíveis de bovino e/ou suíno (estômago, coração, língua, rins, miolos, fígado) tendões, pele e gorduras.

Salsicha Frankfurt – Porções musculares de carnes bovina e/ou suína e gorduras.

Salsicha Viena – Porções musculares de carnes bovina e/ou suína e gordura.

Salsicha de Carne de Ave – Carne de ave e carne mecanicamente separada de ave, no máximo de 40%, miúdos comestíveis de ave e gorduras.

Os países latinos concentram a maior variedade de linguiças de espécies cruas e secas, enquanto os germânicos detêm a maior variedade de salsichas. Em alemão, a palavra *Wurst* designa embutidos em "tripa" em geral, enquanto, na Itália, tal denominação é restrita aos embutidos cozidos, como a salsicha. São inúmeras: a *Bock*, que é a grande Frankfurt, e a *Bierwurst*, ambas especialmente concebidas para acompanhar cerveja; a *Bratwurst* – ou a que é "*brät*", isto é, "cortada em pedaços mínimos" –, que muitos confundem com salsicha frita ou assada (do verbo *braten*), que é o modo como costuma ser servida depois de pronta; a *Rotwurst* ou chouriço de sangue alemão; a *Leberwurst*, patê de fígado em forma de salsicha; a *Lyoner*, grande salsicha de Lyon; a *Mettwurst*, feita de carne defumada; a *Hartwurst* ou salame; *Griebenwurst*, que mescla patê de fígado com *bacon*; e a *Bierschinken*, a salsicha de presunto cozido na cerveja.

As mortadelas

A *mortadella Bologna*, título de uma Denominação de Origem Protegida, é uma das mais emblemáticas espécies de embutido, e serviu de exemplo para muitos produtos de outras nacionalidades e regiões durante o Renascimento, particularmente nas cidades italianas de Lucca, Siena, Prato, Trequanda e Cardoso, todas na Toscana, assim como em Viterbo, perto de Roma, onde se produz uma das melhores mortadelas da Itália, imitação de prestigiada receita do século XV, com determinações que exigem que o porco tenha se alimentado exclusivamente de forragem e atingido o peso máximo 150 kg.

A mortadela bolonhesa é feita somente com carne suína cozida e com pedaços regulares de gordura pura – o que lhe dá sabor ligeiramente adocicado –, embutida em tripa animal. No passado, foi fruto de uma mistura de carnes suína, bovina e equina, não raro havendo o uso de carne de javali e asno na mistura. Talvez por isso exista, ainda hoje, uma versão equina, feita nos arredores de Roma, com partes nobres da carne de cavalos novos. No seu preparo, ela é temperada com especiarias suaves, como a noz-moscada, e com outras mais fortes, como pimenta-do-reino quebrada, pistache e azeitona verde.

Da sua criação pela Corporação dos Salaioli, no século XIV, aos dias de hoje, a mortadela passou por diversas determinações de controle, que remetem a 1604, quando recebeu sua primeira regulamentação oficial, até a última, registrada em 1992, que melhorou a de 1988, ambas visando ao combate dos perigos do botulismo.

Por fim, há a *mortadellina affumicata*, produzida na região limítrofe entre Lácio e Abruzzo, feita de carne suína de primeira qualidade, finamente moída, cuja marca inconfundível é um bastão quadrado de banha introduzido no meio da massa de carne. Pronta e embutida, curte o tempo necessário na fumaça de madeira para adquirir uma leve defumação, e, depois, curtir ao vento por três meses.

As morcelas ou chouriços de sangue

As palavras *boudin*, chouriço, *morcilla*, *sanguinaccio*, morcela e sangueira definem embutidos cozidos, feitos à base de sangue. Vão apresentar diferenças importantes nos temperos e na composição da mistura, mas a presença do sangue em seu recheio aproxima esses embutidos.

No caso dos embutidos que contêm sangue, é comum a presença de um farináceo que lhes dê forma. É comum tratar-se de cevada, arroz, aveia ou outros ingredientes similares em sua composição.

Na Catalunha e na África do Norte, o sangue embutido é chamado *boutifar* (não confundir com a versão de *boutifar* branca, feita sem sangue, de carne magra de porco), já em Portugal e no Brasil é chouriço de sangue, morcela e, em alguns lugares, morcilha. Na Alemanha, é *Blutwurst*, e, nos países de língua inglesa, *black pudding*.

Conforme a região em que é preparado, o *sanguinaccio* italiano varia no nome e nos temperos. Na região alpina, é consumido com a típica polenta e leva o nome de *sanganel*. Na Ligúria, é designado pelo termo *berodo*, sendo preparado com *pinole*, leite e cebola. A *sangeli* siciliana e a *sangunaz* da Puglia são outras versões para os apreciados e seculares embutidos de sangue da Península Itálica.

O norte da Itália não fica atrás do sul no quesito linguiça de sangue. O *baldonazzi* ou *brusti* é um de seus chouriços mais famosos, indo costumeiramente à mesa em fatias grossas, untadas na manteiga, acompanhado de batatas cozidas. A denominação não determina a grossura do salame, mas é reconhecível à distância por seu aroma inconfundível da mistura de especiarias que o caracteriza, feito, que é, de sangue de suíno, às vezes misturado com o de bovino, engrossado com farinha branca, sal, pimenta, leite e nozes. Sua variante local mais exótica é o *migliaccio*, cujo recheio é cozido no forno de lenha, em telha de barro, o que lhe confere perfume e defumado peculiares. O *migliaccio senese* é, na verdade, um doce feito com sangue suíno, ovos, farinha, açúcar, noz moída e biscoito seco!

Na busca das origens históricas das linguiças de sangue, Nunzia Manicardi nos diz que o porco sempre acabava na mesa do patrão.

É bonito ver como ainda hoje, mesmo quando habituados a uma mesa abundante, estes homens apreciam os produtos mais humildes do porco. As patas, os ossos, a pele, o sangue trazem recordações de momentos da infância humilde, que une estes homens por laços potentes que eu, em silêncio, admiro e invejo.

Ao camponês restavam somente as sobras, por melhor que fossem. O sangue era uma festa. Com ele se preparava uma espécie de panetone, duro e escuro, cuja receita simplesmente se perdeu por completo.

Era costume fazer o "sanguinacci" com o sangue refogado com gordura ou mesmo com uma cebola. Depois de cozinhar, acrescentava-se sal, pimenta e embutia-se numa tripa, formando o que se chamava de "linguiça louca". Chamava-se assim talvez porque nela cabiam sobras moídas, como o pulmão, que os mais antigos achavam um prato delicioso, mas que a mim parece simplesmente um recurso para enganar a miséria.[5]

O nome francês para embutidos à base de sangue, *boudin*, precisa do complemento da palavra *noir*, visto que os franceses chamam de *boudin blanc* um embutido feito com leite, pão e gema de ovo. Ambos se encontram na categoria dos embutidos, e o branco tem feira anual em sua homenagem, a Rethel, num vilarejo do sul da França. Outro *blanc* muito conhecido é o de Toulouse, que contém um mínimo de 20% de fígado de ganso ou pato em sua mistura.

Mas o mais conhecido internacionalmente é o *boudin blanc creoulo*, das Antilhas, uma mistura picante de arroz e carne suína embutida. Sua fama talvez se deva à influência das Antilhas sobre a gastronomia da América Latina Central, que posteriormente se espalhou para os grandes centros urbanos americanos.

Menos conhecido é o *boudin vert* belga, marcante o suficiente para possuir um clube em sua homenagem, a Confrérie des Mougneus d'Vète Trëpe [Confra-

---

5   Nunzia Manicardi, "Viagem pela Itália que desaparece: quando o comer se torna ritual e do rito nasce a tradição", *Premiata Salumeria Italiana*, nº 1, 2007. Tradução livre do autor. Disponível em http://www.pubblicitaitalia.com/cocoon/pubit/riviste/articolo.html?idArticolo=7232&Testata=2.

ria dos Comedores de Boudin Vert], com sede em Orp-Le-Petit, Bélgica. Trata-se de um embutido que leva 50% de carne suína e 50% de couve-de-bruxelas, temperado com cravo e noz-moscada. Como o *boudin blanc*, não leva sangue.

Para ingleses, escoceses e irlandeses – tradicionais consumidores de embutidos na primeira refeição do dia –, o preparo com sangue é muito utilizado, seja em grandes cozidos, seja tostado e aberto no pão.

O *Blutwurst* alemão é feito com a carne e o sangue do suíno, misturados com cevada. Na região fronteiriça ao norte da França, costuma ser feito com carne de cavalo. As receitas variam, havendo, por exemplo, o *Zungenwurst*, que, além do sangue característico, tem pedaços de língua de porco.

Os belgas, como os franceses, costumam comer suas linguiças de sangue geralmente fritas, com maçãs douradas e açúcar queimado. Os eslovenos as consomem com aveia. A tradição espanhola em produtos de sangue é igualmente rica: seus chouriços podem ser adocicados com uvas-passas, como na Galícia, onde é costume servi-los como sobremesa; outras tantas contêm arroz, cebola e sal, farinha de pão e especiarias.

Sângeretes romenos são uma mistura de sangue com a carne da ponta do pernil suíno, acompanhado de arroz pré-cozido, temperado com pimenta, salsa e alho. Às vezes, no lugar do arroz, utiliza-se aveia e outros cereais, como o trigo sarraceno. Esse é largamente usado no Oeste Europeu, em embutidos como *kishka* (ou variações do nome, dependendo do país e da região). Na Polônia, o chouriço é chamado *kaszanka* e, na Bulgária, *karvavitsa*, e normalmente é temperado com profusão de ervas aromáticas. (Ver próximo capítulo.)

A *Blodpalt*, linguiça de sangue sueca e finlandesa, é muito popular. Onde houve expansão colonizadora inglesa, francesa, italiana, alemã e espanhola existe algum tipo de chouriço de sangue. Assim é na Austrália, nos Estados Unidos, Canadá, Chile, Argentina e Uruguai, onde *parillada* bem-feita deve conter os dois tipos de *morcilla*, a salgada e a doce. Os nomes das linguiças de sangue na

América Latina variam muito. No Chile, é chamada *prieta* e, na Colômbia, *tube-ria negra*. No Suriname, leva o nome holandês *bloedworst* e, na Guiana Inglesa, chama-se *black pudding*, preparada com tomilho e manjericão, cozida até atingir consistência bem firme.

Assim como no Velho Mundo, a presença da conserva à base de sangue encontrada na Ásia remonta à Antiguidade. Vietnã, Coreias, Taiwan, China Continental, Filipinas, Java, Tibete e Nepal são grandes consumidores desses pratos, mas menos embutidos, em forma de bolo e consumidos em fatias. O coreano *soondae* é feito com batata; na China, o *pinyin* leva tofu ou arroz; em ambos, a origem do sangue pode ser suína, bovina, de pato ou galinha.

O *dôi tiêt* (ou *dôi huyêt*), chouriço vietnamita, é embutido, temperado com manjericão. Os filipinos, chamam sua conserva de sangue por meio de um eufemismo, "carne chocolate", o que remete a uma curiosidade, pois, em regiões da Itália como a Ligúria, Toscana, Marche, Abruzzo, Calábria e Campania, *sanguinnaccio* é um creme doce, à base de chocolate amargo, que, originalmente, vinha aromatizado com o sangue suíno. Isso pode sugerir uma aproximação cultural entre italianos e filipinos ou ser somente um índice da tendência humana para metáforas.

Harry Pisek.
© Claudio Wakahara

Restaurante de Harry Pisek, em Campos do Jordão, SP.
© Claudio Wakahara

Depois de escolher a carne e moê-la, ela deve ser colocada no *cutter* (máquina de preparação da massa da salsicha).
© Claudio Wakahara

Ligue a máquina e comece a bater a massa.
© Claudio Wakahara

Adicione toucinho à massa.
© Claudio Wakahara

Adicione gelo enquanto a massa continua batendo.
© Claudio Wakahara

Quando a massa ficar homogênea, adicione sal.
© Claudio Wakahara

Adicione o mix de temperos.
Para cada salsicha há um tempero diferente.
© Claudio Wakahara

Coloque a massa pronta na embutideira.
© Claudio Wakahara

Encaixe na embutideira a tripa para cobrir a salsicha.
© Claudio Wakahara

Ensaque a massa da salsicha na tripa.
© Claudio Wakahara

Determine o tamanho da salsicha.
© Claudio Wakahara

Para formar os gomos, faça a torção das salsichas.
© Claudio Wakahara

Amarre as salsichas com barbante para fazer trouxas.
© Claudio Wakahara

Leve as trouxas para cozinhar.
© Claudio Wakahara

Cozinhe em água a uma temperatura de 72° C.
© Claudio Wakahara

Esse tipo de salsicha deve ser defumada. Para isso, é pendurada em um varal de defumação.
© Claudio Wakahara

Coloque os varais de salsicha na estufa.
© Claudio Wakahara

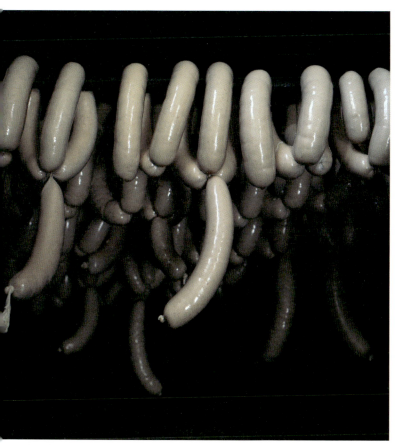

A salsicha dentro da estufa.
© Claudio Wakahara

As salsichas estão prontas para serem retiradas da estufa e prontas para serem servidas.
© Claudio Wakahara

Massa do bolo de carne: coloca-se a massa nas formas.
© Claudio Wakahara

Enforme a massa do bolo.
© Claudio Wakahara

Retire o bolo de carne do forno, já pronto para servir.
© Claudio Wakahara

Prato Harry Pisek: chucrute, salada de batata, salsicha pinguim, bolo de carne, salsicha branca, salsicha tradicional, salsicha de queijo ementhal, salsicha branca com ervas frita, linguiça.
© Claudio Wakahara

Salsicha pinguim, salsicha branca, noz-moscada, páprica picante, curry, sal, gengibre, pimenta-do-reino, alho, salsinha, cebola, cebolinha.
© Claudio Wakahara

Variados

Exclusivos

Existem certas especialidades que não se encaixam em características que as "embutam" nos quadros dos salames, linguiças e salsichas "canônicas" ou "célebres". Contudo devem ser lembradas por sua exclusividade.

A *andouille* mereceria um capítulo à parte, visto o número de variáveis que se encontram por toda a França, tão apreciada a ponto de ser o foco das atenções de fã-clubes e feiras anuais. Mas, por algum motivo desconhecido, a *andouille*, em sua extensão conceitual, pouco representa na culinária de países como a França, com cultura de embutir sofisticada e diversificada. Não se trata de relegar a *andouille* ao porão dos embutidos, como se a sua existência milenar fosse, em algum momento, suprimida da história dos países. Porque os elementos que a constituem aparecem em destaque na culinária desses outros países, como é o caso dos pratos de *tripa, callos e frataglie* peninsulares. Ou seja, todo material orgânico presente no interior da *andouille* e da *andouillette* faz parte da culinária dos países produtores de embutidos, apesar de não se mostrarem relevantes em tal formato. São iguarias muito apreciadas pela população de centenas de aldeias, seja na Itália meridional, no Alentejo português, na Bavária alemã ou na região de Yorkshire, na Inglaterra. No entanto, a fórmula consagrada na França mostra-se menos importante nesses locais – ao menos quando confrontada com a importância explicitada por seus adoradores gauleses e pela legislação francesa, que classifica as *andouille* e as *andouillettes* e coloca-as num escaninho específico.

A *andouille*, além de ser extremamente apreciada por seus atributos gastronômicos, é fascinante ao estudioso, pois trata-se de um embutido que usa explicitamente o invólucro como recheio. É a utilização tautológica da tripa! É uma verdadeira homenagem gastronômica ao intestino, visto não apenas por suas características próprias para embutir, mas também por seu gosto e textura.

Andouille, palavra francesa cuja epistemologia remete a "vísceras" (*abat*), é, fundamentalmente, um rocambole formado por intestino grosso, intestino delgado e estômago, muito bem temperados e defumados. Em algumas versões, há a presença majoritária de carne suína. Diferentemente da *andouillette*, sua versão mais delicada, a *andouille* sempre esteve diretamente ligada à história da utilização das partes do porco.

O uso dos intestinos como recheio tem registros fundamentados desde a primeira versão da Academia da Gastronomia Francesa, no século XVII. No entanto, trata-se de um embutido cuja história remonta ao tempo dos gauleses.

A receita básica da *andouille* é: intestinos grosso e delgado em proporções semelhantes, em torno de 40%, complementados pelo estômago, que entra com menos de 20%, além da adição eventual de mais uma ou outra víscera. É temperada com sal, pimenta e especiarias, sem gordura extra em sua confecção, sendo fruto da salga, secagem e defumação. De grandes proporções, acima de 25 cm $\times$ 5 cm, pesa em torno de 1 kg, e sua cura é feita ao relento.

A partir desta base, as proporções variam regionalmente, com a adição de ingredientes complementares, sendo eventualmente fervida.

A *andouille* de Guéméné é identificável por seus anéis concêntricos, visíveis na superfície, e pela ação de um lento cozimento em feno. A de Val d'Ajol, no Vosges, é feita de uma mistura de lombo e intestino de porco, ligeiramente defumados. A de Cambrai é composta de intestino e é sempre perfumada com sálvia. É grande, tubular, e chega facilmente a 1 kg de peso. Tem sabor temperado e seu interior é rosado e marmorizado. A de Aire-sur-la-Lys leva até 30% de intestino grosso e até 80% de carne suína (o máximo de gordura a utilizar-se no preparo está determinado em 20%). É igualmente cilíndrica, recebe sálvia e pesa ½ kg, sendo branca por fora, quando não é defumada. A de Revin, em Ardennes, é composta de 40% de intestino grosso e carne suína. A *Andouille* de Jargeau é menos uma *andouille* e mais um salame, apesar do nome, visto não levar intestino e estômago em seu recheio. Existe outra linguiça influenciada pela *andouille* francesa: a calabresa de Tropea, chamada *'nduja* (variante dialetal do nome francês), que provém da Nápoles do período napoleônico. Seu recheio é feito de carne, toucinho, fígado e pulmão de porco, moídos e embutidos, depois de temperados com sal e pimenta calabresa. Antes do consumo, a *'nduja* passa um ano curtindo. Ainda na Itália, o *salsicciotto di trippa* é a versão mais próxima em solo italiano da *andouillette*. O Le Zendraglie,[1] em Nápoles, é um açougue que mantém a tradição do *salsicciotto*, merecendo elogios da revista *Gambero Rosso*, "sócia-fundadora" do movimento Slow Food. Outra referência conhecida é a *andouille cajun*, da Louisiana, feita de carne magra de porco, mantendo inalteradas a defumação típica e a presença de temperos fortes, como alho e pimenta. O dicionário Collins francês-alemão traduz *andouille* por *Artwurst* (*mit Innereien*), um termo genérico ao menos no recheio, quando não na forma. É o caso da Saumagen, feita de estômago, similar em tudo ao Haggis escocês.

As *andouillettes* mais afamadas são as de Troyes, Cambrésis, Rouen e Lyonnais, apesar de, desde a "doença da vaca louca" que assolou a Europa nos anos 1990, terem passado por pesadas restrições, com proibições sanitárias do uso de carne de vitela.

É muito significativa a seriedade com que a Confraria dos Amantes da Andouillette retoma a história dos embutidos. Trata-se de uma verdadeira maratona literária, cujas presenças mais marcantes foram as de Rabelais e Alexandre Dumas, fã incondicional das *andouillettes*, particularmente as da sua terra natal, *Villers-Cotterêts*. Comenta Jean Vitaux que "a obra de Rabelais é apaixonante no plano da gastronomia".[2] Particularmente no caso da *andouille*, que se tornaram personagens surreais (que vão inspirar criações de Arcimboldo e Lewis Carroll)

---

1   Ver http://www.lezendraglie.it/i_dintorni.html.

2   Jean Vitaux, *Dictionnaire du gastronome* (Paris: PUF, 2008); e, também, no *site* Canal Academie (http://www.canalacademie.com/), a primeira rádio acadêmica francófona na internet.

na passagem de Pantagruel reproduzida pelo crítico: "Panurge entra em guerra contra as *andouilles* [...] um grande batalhão de poderosas e gigantescas *andouilles* [...] ombreadas a um grande número de *chouriços de sangue*, de salsichões a cavalo, todos de bom porte, bandoleiros ferozes".[3]

As *andouilletes* já eram conhecidas e apreciadas pelos gauleses pré-romanos, que as preparavam defumando seu recheio de entranhas finamente picadas. Rabelais as cita, diferenciando as *andouillettes* pelas dimensões do invólucro, dizendo apenas que são mais delicadas que as *andouilles*, sem contudo fazer qualquer especificação da carne nelas utilizada. Hoje em dia, seja confeccionada industrial ou artesanalmente, ela é definida como um composto de matéria digestiva de suínos (mais comum) e/ou bovinos. Atualmente, muitas das regiões produtoras imprimem em suas embalagens palavras como "autêntica" ou "verdadeira", reconhecendo serem regulamentadas e supervisionadas por lei. Algumas, a começar por Cambrésis e Lyonnais, continuam fiéis à carne de vitela, como se fazia antigamente (como atestam as edições mais antigas do Dicionário da Academia de Gastronomia Francesa).

Mas, além das *andouilles* e *andouillettes*, outras formas merecem destaque. A primeira delas vem da Espanha e é o *morcón* (encontrado particularmente na Andaluzia e Extremadura), que se apresenta em forma de bulbo e emprega a paleta, a língua e, muitas vezes, a canela do porco. Na Extremadura, atinge picos de qualidade, pois é feito com carne do porco ibérico *de bellota*,[4] temperada com alho, sal e páprica doce, e curada por três meses.

Na Tailândia, existe a linguiça de porco *say kor lao*; no Vietnã, o salaminho *nem chua huo*, de pele de porco em salmoura, servido com molho *shoyu*; o *lap xuong* chinês é uma linguiça suína seca, condimentada com cinco especiarias

---

3   *Ibidem.*
4   Isto é, que se alimenta de bolotas de carvalho.

locais, adquirindo sabor similar ao *pepperoni*, porém, mais adocicado; no Laos, fazem o *say oi som*, que, literalmente, significa "linguicinhas de porco com arroz fermentado". É interessante notar a presença de salames e linguiças com tempero oriental em locais do mundo aonde foram levados pelas etnias de origem, em seu forte movimento migratório em direção às Américas e países da Europa.

No sudoeste da França, em Aveyron sur Lot, é produzido o *galbart*, mais um produto da família dos *boudin noir* franceses. Trata-se de um similar do *biroldo* italiano, que leva igualmente coração, cabeça e língua.

A *loukanika* grega é um embutido apimentado, misto de carne de porco e carneiro, em granulação fina, perfumada com casca de laranja. Como já foi dito, seu nome é referência à região da Basilicata, antes conhecida como Lucânia.

Os nórdicos são grandes consumidores e produtores de embutidos de carne suína, e nesse quesito, o país com o maior consumo *per capita* é a Dinamarca. A *medisterpoelse* dinamarquesa é uma linguiça aparentemente tradicional, pois lembra muito a linguiça de rolo fresca, tão comum nos quiosques que se montam no Brasil, em feiras e nos estádios em dias de jogos de futebol. É feita com carne e gordura de porco, caldo de galinha, pimenta inglesa (pimenta-da-jamaica, *allspice*), noz-moscada, cravo-da-índia e cebola, ganhando originalidade não apenas no tempero, mas na própria composição. Na Suécia, famosa é a *korv*, uma preferência nacional, tratando-se de uma salsicha que mescla carnes magras suínas e bovinas, cozidas com batatas e temperadas com pimenta inglesa, sal, pimenta-do-reino e cebola.

A África do Sul, com sua gastronomia que mescla Europa do Norte e África, tem seu melhor embutido feito a partir de um tempero que simboliza a colonização holandesa: a semente do coentro, à maneira da África do Norte, como os famosos queijos *Gouda*. Quando fresco, o embutido leva o nome de *boerewors*; quando seco, ganha o nome de *droewors*.

Costumava ser preparado com uma mescla de carnes de suínos, cordeiros, bovinos, aves e caça, mas, com o tempo, se industrializou e hoje se reduz a uma mistura mais conservadora de suínos e bovinos. Boerewors (e seu sucedâneo, *droewors*) é temperado com semente de coentro, noz-moscada e pimenta-da-jamaica. Em seguida, é marinado no vinagre de vinho, mas pode ser acrescido de temperos como tomilho, alho e molho Worcestershire. Sua tradição é forte o suficiente para manter a qualidade do produto, a despeito da industrialização e sucesso internacional (é vendido às toneladas na Inglaterra e Estados Unidos). Um indício desse controle é o torneio anual pela melhor *boewors*, patrocinado pela indústria alimentícia Shoprite, com regras rigorosas, dignas de uma Denominação de Origem Controlada. Diz a comunicação:

> O verdadeiro *boewors* deve ser fruto da mistura de ao menos duas das carnes de boi, porco e carneiro, sendo que ao menos 90% da linguiça deve ser destas carnes. Menos de 30% pode ser de gordura, e a carne não deve ser de miúdos e vísceras ou conter ossos triturados. Não pode conter mais de 0,02 g de cálcio por 100 g de mistura. Além da carne, nada pode ser adicionado além de cereais, vinagre, especiarias, glutamato, dióxido sulfúrico, monosodium e água.[5]

Na Toscana, o *biroldo* poderia estar na divisão dos *sanguinacci*, pois usa o sangue de porco. Mas não está, pois o sangue serve apenas como liga para as outras carnes: cabeça, pulmões, língua e miúdos de porco. É típico da zona da Gargagnana, mas, com variações, é produzido em outras localidades toscanas. Tem o aspecto externo de um pão camponês de cor vermelho-escura, perfumado com diversas especiarias, como funcho-selvagem, sal, pimenta, noz-moscada, cravo, canela e anis. Em Lucca, é enriquecido com *pinoles*, o que lhe confere um toque

---

5   Disponível em http://www.shoprite.co.za.

mais nobre. Em Pistoia, é produzida uma versão mais adocicada e delicada, pois o sangue usado é o de vitela.

Um italiano da região, ao emigrar para os Estados Unidos, levou consigo a receita, como atesta a presença do *biroldo* em São Francisco – diferente na composição, mas, mesmo assim, bastante citado, aparecendo como componente básico de pratos importantes como a *parilla creole*. Como o *biroldo*, a *salsiccia di riso*, típica do Piemonte, tem sangue suíno em sua receita, mas de modo secundário, pois ela é, principalmente (como o nome indica) um embutido recheado de arroz. O resto do recheio, embebido em sangue suíno, é pele e barriga de porco. Tudo devidamente temperado com alho, sal e vinho. É seca e defumada em fogo de lenha e gengibre.

A *finocchiona*, como muitos embutidos, leva vinho no preparo, tendo na presença do funcho-selvagem sua marca característica. A *sopressata* é lembrada com carinho por imigrantes da Toscana e do sul da Itália, suas regiões produtoras. Sua receita tem como base partes menos nobres do suíno, como cabeça, língua e pele, e o preparo é feito em cozimento lento, de pelo menos três horas, de preferência no fogo a lenha.

O *zampone*, o *cotechino* e o *cappello dal prete* são recheados de pele, cabeça, pescoço e ombros suínos, campeões de preferência. São iguais no recheio (que tem salitre entre os elementos), porém de revestimentos diferentes. O primeiro tem como revestimento o pé dianteiro do porco; o segundo é a versão típica do embutido, cujo invólucro é feito de intestino; e o terceiro é um aproveitamento da pele do suíno, costurada de modo triangular, semelhante a um chapéu de padre em moda no século XV, daí o nome. São produzidos nos arredores de Modena, mas podem ser encontrados em outros lugares da Emilia Romagna e da Lombardia. Na Valtellina, na Lombardia, há uma versão de *cotechino*, o *cotecotto*, que difere apenas no tamanho, um pouco maior.

Da Calábria nos chega a *salsiccia pezzente*, ou "linguiça de mendigo". Seu nome realça a origem pouco nobre do recheio. Quitute regional, é feita de pulmão, coração e estômago, finamente moídos e temperados com funcho-selvagem, pimenta vermelha e pimenta-do-reino. É consumida após cozimento com verduras e servida com pão velho e grelhado, em fatias.

A *salsiccia di fegato con miele*, linguiça de fígado com mel, é um produto típico da província de Aquila, na região de Abruzzo. Leva alta porcentagem de mel e mosto de vinho cozido, que lhe concede características organolépticas únicas, além de funcionar como poderoso conservante.

Há também a *annoia di chietti*, dos Apeninos, fortemente aromatizada com alho, pimenta vermelha picante, erva-doce e casca de laranja. Costuma ser consumida ainda fresca, depois de cozida em vinho branco.

É das províncias de Ascoli, Ancona e Macerata o típico *ciauscolo* ou *ciavuscolo*, de conteúdo extremamente delicado e macio, quase um patê embutido. Seu recheio é uma mistura de carnes e peles suínas, temperadas com sal, pimenta, alho e vinho cozido. Embutido em tripa de porco, é defumado em gengibre por alguns dias e depois pendurado para curtir ao ar livre por três meses.

A *coppa di Ascoli Piceno* também é feita de pele, cartilagem, orelha, língua e cabeça de porco. A diferença está no tempero e na obrigatória presença dos ossos, que exigem cozimento em duas etapas. Na primeira, são necessárias mais de três horas de cozimento para amolecer e triturar os ossos. No cozimento, os ingredientes são devidamente temperados com pimenta, canela, noz-moscada, alho, amêndoa, nozes e pistaches. Após cinco semanas de cura, a *coppa* ganha novo cozimento, que a deixa pronta para o consumo.

Frascateglie, *mazzafegati* e *fegatazzi* são conhecidas linguiças de fígado de porco, temperadas com erva-doce e consumidas com polenta. São especialidades das regiões de Sessano e Molise, na Itália Meridional.

A *cervellata* é feita em Martina Franca, na Itália Meridional, e trata-se de linguiça fina, em uma só peça, podendo ser exclusivamente de carne suína ou misturada com carne de vitela. Costuma ser temperada com sal, pimenta, vinho cozido e grãos de erva-doce. Na mesma região, em Cazzmar, há o *marro*, clássico da cozinha meridional italiana, um preparado rústico de vísceras de carneiro ou cabrito envolvidas no intestino do próprio animal. Come-se com ovo duro, mortadela e pecorino ralado. Há também a *salsiccia di Lecce*, carne suína e bovina temperada com *pancetta*, sal, pimenta, cravo, canela e limão, e o *zampitti*, linguiça comprida, feita de porco, vitela e carneiro, temperada com pecorino ralado, sal e pimenta.

O *probusto*, pequena linguiça de Trento, região noroeste da Itália, é feito de copa suína e carne de vitelo e tem sua defumação marcada pela presença da lenha de bétula. Outra grande estrela da produção italiana, também de Trento, é o *salame all'aglio della Val Rendena,* fruto da melhor carne suína proveniente de animais criados soltos na natureza. É um embutido que se caracteriza pelo tempero delicado de sal fino, pimenta moída e alho amassado. O cuidado com sua produção é rigoroso: sua cura é de ao menos 50 dias, a uma temperatura constante de 14 °C e taxa de umidade sempre em torno de 80%.

A *kishka* (em iídiche, *kishke*), oriunda do Leste Europeu, é embalada em intestino bovino, recheada com farinha de matzá e cebola. Algumas variantes acrescentam carne bovina e suína (ou gordura de ave, na versão judaica) ao recheio vegetal. Outra variedade da região é a *kaszanka*, chouriço de sangue de porco com trigo sarraceno ou cevada, utilizando intestino de porco como envoltório.

A alheira é um enchido típico da culinária portuguesa, cujos principais ingredientes são carne e gordura de porco, carne de aves, pão, azeite, banha, alho e colorau. Segundo a tradição, é um produto de cristãos-novos que, em segredo, mantinham a religião judaica, não lhes sendo permitido o consumo de carne de porco. Teriam inventado um chouriço feito com carne de ave, camuflada com temperos que lhe davam aparência e coloração de um embutido de porco comum.

Segundo a tradição, as primeiras alheiras continham carnes alternativas à suína, como vitela, coelho, peru e galinha. Porém, a ligação da alheira com os cristãos-novos talvez não passe de uma teoria romântica, visto não existirem fatos concludentes que a suportem. Parece mais certo que seu aparecimento esteja ligado ao próprio ciclo de produção dos fumeiros caseiros ou, simplesmente, à necessidade de conservação das carnes dos diversos animais criados para consumo. Vem de Trás-os-Montes a mirandela, a mais prestigiada das alheiras de Portugal. Reza o texto:

> Enchido tradicional fumado, cujos principais ingredientes são a carne e gordura de porco, a carne de aves (galinha e/ou peru) e pão de trigo, o azeite e a banha, condimentados com sal, alho e colorau doce e/ou picante. Podem ainda ser usados como ingredientes a carne de animais de caça, a carne de vaca e o salpicão e/ou o presunto envelhecidos. É um enchido com formato de ferradura, cilíndrico, sendo o interior constituído por uma pasta fina na qual se apercebem pedaços de carne desfiadas e cujo invólucro é constituído por tripa natural, de vaca ou de porco. O uso da menção "Produto Específico" obriga a que o enchido seja produzido de acordo com as regras estipuladas no caderno de especificações, o qual inclui, designadamente, o processo de produção [...] A Alheira de Mirandela deve ostentar a marca de certificação aposta pela respectiva entidade certificadora.[6]

Deve ser consumida grelhada ou assada, sempre acompanhada de batata cozida temperada com azeite, além de legumes da estação.

A linguiça inglesa Cumberland, cujos produtores mais tradicionais ensaiam criar uma norma protetora, é feita de porco e preparada com uma mistura de ervas e especiarias, onde se destaca a presença das pimentas-do-reino branca e preta, contrastando com o sabor da grande maioria dos outros embutidos da ilha. Pode-se dizer que sua marca registrada vem do fato de ela ser recheada com carne

---

6   Disponível em http://www.cm-mirandela.pt/.

picada – e não moída –, como a grande maioria das muitas variedades produzidas na Inglaterra.

Já a linguiça *banger* é composta de carne suína suave; e as *beer sausages* são temperadas com cerveja do tipo *ale* ou escura. As *breakfast sausages* são levemente picantes, contendo ovos, *bacon* e sangue de porco. A *marylebone* londrina vem temperada com noz-moscada, gengibre e sálvia, enquanto a *Oxford* é feita de carne de porco ou vitela, temperada com sálvia, mangerona, segurelha e limão. A *pork & apple* traz carne suína, maçã e cidra em sua receita, ao passo que a apreciada *pork & leek*, do País de Gales, leva carne suína, gengibre e cebolinha. Por fim, as *butchers/plain/farmhouse sausages* ("linguiças de açougueiro/simples/da fazenda") são as mais populares das linguiças bretãs, referência para as demais, sempre feitas com carne de porco, suavemente temperadas com ervas e pimentas.

Na Escócia, o *haggis* é um embutido em bucho de carneiro, feito de miúdos de carneiro cozidos (coração, pulmões, fígado) e desmanchados em pasta, acrescidos de gordura e farinha de aveia, além de temperos. É a mais antiga das "tortas" de carne, remetendo ao século XV. Sua versão artesanal, a *hogs pudding*, leva farinha de osso em sua receita. Na Grã-Bretanha, ficou especialmente conhecida depois que o poeta Robert Burns compôs versos em sua homenagem.[7] Já as *lamb sausages* do País de Gales são feitas de carneiro, temperadas com alho-poró, menta e alecrim.

Para finalizar, escolhemos o *tarantello* – incomum para nós, que vivemos no século XXI, mas sucesso numa época ainda marcada pelo *garum*. Trata-se de um embutido bem condimentado, à base de barriga de atum fresco, citado entre os pratos oferecidos a Carlos V pelo cardeal Campeggio, em Roma, no ano de 1536.

---

7   No YouTube, há vídeos mostrando como é feito e o ritual para cortá-lo, enquanto o poema é recitado. Um dos endereços disponíveis é http://www.youtube.com/watch?v=3kzYaIphbzU.

De aves

A importância das aves na confecção de embutidos é crescente, pois eles são vistos como uma opção *light* aos embutidos de carne suína.

A carne do peito de frango, delicada e sem gordura, precisa ser condimentada e umedecida para ganhar sabor. A combinação de temperos é infinda: especiarias, frutas vermelhas, maçã, queijos, mel, conhaque, tomate seco, alho, limão e pimentas várias.

Há séculos, na culinária da Europa Oriental, fazem sucesso embutidos de aves, como o *gárgale*, garganta recheada com farinha de pão ázimo, cebolinha e gordura da própria ave. Faz parte de um grupo de embutidos tradicionais entre os judeus da Europa, que usaram suas receitas com ou sem carne, similares às farinheiras e alheiras portuguesas. A receita a seguir é do *gárgale* polonês, que, em Pomiane, leva o nome *Pescoço de ganso recheado*. Apesar de ser bem detalhada, a receita segue o costume da época, de não dar quantidades.

Pescoço de ganso recheado

Corte o pescoço de um ganso nas suas extremidades.

Depois de lavar com cuidado para não rasgar, faça com que a epiderme fique voltada para o exterior.

Raspe a carne que adere às vértebras, moa e adicione uma quantidade igual de fígado do ganso.

Pese as duas carnes juntas e adicione a elas uma parte igual de carne de vitela. Moa o conjunto.

Misture farinha de migalha de pão molhada e espremida, numa proporção de três porções de carne para uma de farinha.

Misture bem. Salgue, apimente e tempere com páprica.

Adicione e misture, até a massa ficar homogênea, duas gemas de ovos e um pouco de gordura de ganso.

Amarre uma das extremidades e recheie. Preencha delicadamente e com a quantidade justa, para que a pele não se rompa durante o cozimento. Amarre a outra ponta. Fure algumas vezes com a ponta do garfo.

Leve o preparo a uma panela com água fria e aqueça lentamente a temperatura. Deixe no fogo muito baixo por uma hora.

Sirva quente, mas, se preferir frio, vale deixar esfriar pressionado entre dois pratos, usando um peso extra de aproximadamente 1 kg sobre o prato superior.[8]

Em *Por uma nova fisiologia do gosto*,[9] encontra-se uma proposta muito diferente da receita acima, mas com o mesmo nome, extremamente dispendiosa, onde o pescoço do ganso é recheado de *foie gras*, salsicha e trufas, perfumado com Sauternes e temperado com alho, sal, pimenta, tomilho, noz-moscada, canela e coentro. Enquanto na receita de Pomiane o uso do pescoço do ganso é contextualizado historicamente, pois trata-se do aproveitamento natural do animal abatido, aqui, o pescoço da ave serve como embalagem, o que traz ainda mais exotismo a esta proposta, que embute ingredientes de alto valor de mercado, por sua raridade e especialidade, como é o caso da trufa, do vinho Sauternes e do *foie gras*, fazendo dela um dos mais caros embutidos imagináveis.

Também são famosos os salames de ganso italianos, particularmente aqueles produzidos na província de Pavia, onde, desde a Idade Média, havia criação dessas aves. É lá que são fabricadas as duas versões dos *salami di Mortara*:

---

8   Edouard De Pomiane, *Cuisine juive, ghettos modernes* (Paris: Albin Michel, 1927).

9   Jean-Marie Amat, *Por uma nova fisiologia do gosto* (São Paulo: Editora Senac São Paulo, 2006), p. 214.

- Mista (*salame d'oca di Mortara*), composta de $^1/_3$ de carne de ganso e $^2/_3$ de carne suína, além de carnes nobres magras, como a copa, e gordas, como a *pancetta*;

- Pura (*salame d'oca di Mortara ecumenico*), feita exclusivamente com carne de peito de ganso, curado por dois meses, no mínimo.

São comuns salames de outras aves – peru, avestruz, pato, marreco e ganso, e particularmente os embutidos de carne de peru –, cada vez mais usados para substituir as salsichas cozidas de carne de porco.

Salami alikoum é a carne *halal* que serve de recheio para os embutidos do mundo islâmico, equivalendo à carne *kasher* judaica, que significa "purificada".

As linguiças *merguez* da Tunísia, os embutidos *roulade* de galinha-de-angola e o salsichão de carne de boi são produtos que sofreram purificação e são aceitos integralmente pela comunidade islâmica.

O *sucuk* é um chouriço muito consumido na Turquia, Armênia, Iraque, Sérvia, Croácia e Bulgária. É envolvido em tripa seca de bovino e feito de carne de vitela picada, temperada com cominho, pimenta vermelha, alho e sal. Posto para secar durante algumas semanas, possui característica visual bem definida. O modo mais usual de comê-lo é cortado em rodelas e frito na própria gordura.

No Iraque, há o *mumbar*, em que a tripa é enchida com carne, fígado picado e arroz, saborizados com um tempero em pó feito com cravo-da-índia, cardamomo, canela e pimenta-do-reino bem moídos.[10]

Pastırma, em turco, significa "carne prensada". Com algumas mudanças linguísticas, possui sinônimos na Albânia, Armênia, Azerbaijão, Bósnia, Croácia, Macedônia, Sérvia, Bulgária, Grécia, Iraque e Romênia, países que um dia fizeram parte do Império Otomano. É feito de carne de boi, carneiro ou cordeiro,

---

10 *Ibid.*

prensada e seca ao ar livre, em processo muito similar ao da carne-seca brasileira. A carne é prensada até perder todo o líquido, sendo preparada, antes de ser colocada ao vento, com uma pasta de cominho, alho, pimenta vermelha e feno-grego.

O *osban* tunisiano, geralmente feito em tripa de carneiro – que, nas famílias judaicas, costuma acompanhar o *msoki* (*couscous* tunisiano, com bolinhas de *osban*) no Pessach –, recebe recheio de pura carne ovina ou ainda fígado e espinafre, com folhas de menta, salsinha, coentro e salsão picadinhas, alho moído, cebola picada e arroz, temperado com sal, pimenta-do-reino e *harissa*.[11]

De boi

Embutidos de bovino estão presentes desde que o boi foi domesticado. Sua carne, embora apreciada, produz quantidade pequena de embutidos. É o caso da *bresaola della Valtellina*, que movimenta, por ano, cerca de 230 milhões de euros, o que equivale a 17 mil toneladas do produto. Trata-se de um embutido de uso similar ao do *carpaccio* suíno, cortado em fatias finíssimas e temperado com azeite e limão, tradicionalmente consumido *in natura*. Feito de carne magra de novilho, recebe especiarias como gengibre, tomilho, louro, sal e pimenta. É parente direto de outros embutidos bovinos, como a *bresaola* piemontesa, a *bresaola della Val d'Ossola*, a suíça *bindenfleisch*, o *brési* do Jurá francês e a *cecina* espanhola, marinada e consumida de forma similar.

Depois de embutidos em tripa bovina de grosso calibre, todos passam por um período de maturação de, no mínimo, um mês, não sem antes curtir entre dez e

---

11   Ver Claudia Roden, *The Book of Jewish Food: an Odissey from Samarkand to New York* (Nova York: Knopf, 2003), p. 426. Segundo a autora, em ocasiões festivas também se usa o intestino grosso e parte do estômago para o embutido.

quinze dias na salmoura. Aliado à ação das especiarias, esse processo de secagem lhe concede uma cor avermelhada esbraseada característica, que lembra a do pau-brasil, justificando os nomes *brési* e *bresaola*. Vera Araujo, jornalista brasileira que vive em Roma, faz um interessante relato sobre a *bresaola* em sua origem, o que também pode ter influenciado a evolução do produto:

> A *bresaola* autêntica é rotulada com a etiqueta IGP (indicação geográfica protegida), que indica que é produzida numa zona especializada, que determina sua qualidade, reputação e características. Em outras palavras, é um produto exclusivamente *made in Italy*. Com um pequeno detalhe que só agora foi revelado: é feita com carne de zebu brasileiro. A descoberta da alma brasileira da *bresaola* foi consequência da suspensão das importações de carne bovina do Brasil pela União Europeia, que inclui também os criadores de gado zebu. A carne magérrima do zebu brasileiro é a única realmente boa para fazer a melhor *bresaola* – explica o presidente do consórcio de tutela da *bresaola* da Valtellina. As vacas italianas e europeias são gordas demais. [...] Para defender a *bresaola*, considerada uma das joias das especialidades alimentícias do país [...], os italianos estão tentando encontrar um jeitinho para furar a rigidez da política comercial da UE. Um furo bem grande, para deixar passar um bom rebanho de zebus brasileiros.[12]

Existe uma versão de *bresaola* defumada, mais doce, especialidade de Grigioni, na Suíça, tão macia e saborosa quando a de Valtellina, ambas sofisticadas no paladar e textura quando comparadas às conservas de carne de boi mais rústicas, como a carne de sol.

Como é de costume, nos embutidos de carne bovina são usados animais velhos e cansados, incapacitados para outros usos. É o caso do *salamino di vacca*, embutido típico do Piemonte, feito da carne de bovino de idade avançada chamado, em dialeto local, de *vache salamere*, ou seja, animal em fim de carreira, que vai

---

12 "O zebu e a crise da *bresaola*", em *Terra Magazine*, 1-2-2008.

virar "tripa". A carne é preferencialmente magra, às vezes misturada – em massa bem moída – com gordura suína, embutida em tripa, seca e consumida antes que a curtição os endureça em demasia.

Entre tantas carnes salgadas, há a carne prensada turca e balcânica, a *pastirma*, que pode ser feita também com carnes ovina e caprina. A *pastirma* é parente apenas na etimologia do *pastrami* judaico, que é um embutido de fato, ao contrário do parente turco, citado por conta desse parentesco funcional e linguístico.

Antes de se tornarem vizinhos em Nova York, judeus e irlandeses partilhavam do *pastrame/cornedbeef*. Os irlandeses o consideram tão nobre que o tornaram prato oficial do Dia de São Patrício. Concretamente, o *cornedbeef* vincula-se à cidade portuária de Cork, na Irlanda, desde 1600, época em que os judeus migraram para a Grã-Bretanha, acolhidos devido às perseguições sofridas nos países continentais. Muitos deles vinham da Holanda, grande concorrente manufatureira, e seus conhecimentos em medicina, números e manufatura pesaram significativamente no refúgio. O fato é que, desde a época de suas migrações, sua origem, confecção e uso são um fator de aproximação entre irlandeses e judeus nos Estados Unidos.

Por curiosidade, mencionaremos um "embutido" de origem indígena, o *pemmican*, parecido com a *bresaola*, que os Cree norte-americanos prepararam com carne de búfalo, alce ou veado, sem qualquer influência conhecida de práticas ocidentais anteriores aos descobrimentos. Sua carne era finamente cortada e seca em fogo lento (ou mesmo no sol), para depois ser misturada à gordura, numa proporção de ½ carne e ½ gordura, sendo comum a adição de bagos de frutas vermelhas na mistura, que então era envolta em bolsas de couro cru para armazenamento. Sua resistência ao tempo é incrível, tendo muitas vezes sido usada como alimento pelas tropas em combate.

Também a carne de boi tem suas linguiças de fritar, frescas ou curtidas, como a *soojookh*, linguiça armênia feita da mistura de carne de boi e carneiro, curtida por alguns dias de secagem, temperada com cominho, páprica, alho, pimenta-de-caiena, cardamomo e canela.[13] A *soojookh* é comum nos Bálcãs e no Oriente Médio, onde o porco costuma ser trocado por carneiro como principal fonte de carne para conserva.

Já a italiana *salsiccia di Bra* é 80% vitela e 20% gordura suína, finamente moída, condimentada com sal, pimenta-do-reino, especiarias e aromas naturais. É interessante notar que, estranhamente, a *salsiccia di Bra* é a única linguiça de vitela com Denominação de Origem Protegida (DOP) na Itália, o que lhe dá *status* muito particular. Seu principal consumo é cru, mas também é consumida grelhada.

De cavalo

A carne de cavalo é parte integrante da gastronomia desde a Antiguidade, quando era vendida aos consumidores pobres de Atenas. O famoso *steak tartare*, prato obrigatório da cozinha francesa, é de origem equina, fruto de uma receita dos tártaros, povo nômade que, mesmo sem criar rebanhos de cavalo para corte, não deixava de aproveitar seu alto teor proteico quando suas montarias se feriam de morte.

A carne de cavalo conheceu seus dias de glória no século XIX, quando foi servida num lauto banquete no Grand Hotel de Paris, consumida por gente de renome como Dumas e Flaubert.

Fatores não gastronômicos brecaram o costume de usar a carne equina na alimentação ocidental. Questões de afetividade, como as que impedem a pessoas de pensar em comer carne de cachorro, gato ou animais que sirvam de mascote, além da enorme utilidade dos cavalos no transporte humano e de carga, transformando em secundários os aspectos gastronômicos.

---

13 Ver receita de Len Poli em http://lpoli.50webs.com/index_files/Soojookh.pdf.

Apesar de tudo, alemães e escandinavos continuam amantes dessa carne adocicada, facilmente digerível, de alto conteúdo proteico e baixo teor de gordura, de sabor agradável quando fresca e bastante apta à conserva.

Entre os embutidos de carne de cavalo, há o italiano *slinzega della Val Chiavenna*, salgado e temperado com folhas de louro, gengibre, alho e pimenta, preparado em bacias de carvalho e lavado no vinho. É servido em fatias finas.[14]

De ovelha e cabrito

Ovinos e caprinos incapacitados de fornecer leite e lã foram personagens importantes na história dos embutidos. Na Turquia, a carne de cordeiro em conserva, feita para consumo no inverno, é frita, cortada em cubos pequenos, salgada e cozida na própria gordura. Depois, é introduzida em recipientes apropriados, prensada, selada com gordura e, por fim, enterrada no chão. Nas aldeias turcas, ela é preparada em grandes quantidades e fica à disposição do usuário, que complementa seu tempero ao bel-prazer, já que foi apenas salgada, ganhando versatilidade culinária, até mesmo recheando embutidos.

Na Itália central, visando à recuperação das atividades rurais, há um projeto, em curso, de desenvolvimento de um embutido de ovelha com Denominação de Origem Protegida.

O Brasil merece destaque, pois tanto a linguiça de bode quanto a buchada são tradicionais em todo o Nordeste: são preparos consagrados, alimentos de grande aceitação. Para os propósitos deste trabalho, consideramos a buchada um

---

14 Para uma lista de embutidos italianos feitos a partir da carne do cavalo, ver http://www.coppiello.it/, e também http://www.prodottitipici.com/prodotti/00/02/03/1/Salumi-e-Carni-Equini.htm.

produto artesanal da família dos embutidos, já que se trata de um preparo de miúdos recheando uma tripa. É brasileira, pernambucana, mas não se deve acalentar a impressão de que esse prato não tenha similares em outros pontos do planeta ou considerá-lo original a ponto de ser uma invenção criada por nossos conterrâneos: isso não faz sentido. Seria estranho que, no emaranhado cultural gastronômico brasileiro, a buchada – lexicalmente "um prato à base de bucho", ou seja, de tripa animal – fosse resultado de um preparo sem qualquer outra raiz, apenas e tão somente nascido na região onde o bode é tratado e apreciado. Até porque seu preparo está incluso na história da culinária dominante brasileira, tendo como ingredientes básicos vísceras de origem caprina, aceitas e usadas em todos os continentes desde os primórdios do pastoreio.

Fora do Brasil, em regiões montanhosas e de pouca vegetação, os rebanhos costumam ser de carneiros e ovelhas. Ou seja, no norte da África, na região onde Turquia e Grécia ligam o sul da Europa com o Oriente, nas penínsulas Ibérica e Itálica, no centro da Europa ou na Eurásia, é possível encontrar embutidos, semelhantes ou não à buchada, com carne desses animais. Parodiando Fernand Braudel, pode-se dizer que esses produtos descem da montanha para conquistar a cidade da planície.[15]

Mas em Sertã, na região da Beira Baixa portuguesa, encontra-se ao menos um prato em tudo similar a ela, cujo nome é *maranho*. A diferença de alguns componentes apenas liga um ao outro, porque são fundamentalmente variações de um mesmo prato. Diferente da buchada, o maranho mistura os miúdos com

---

15 Num dos raciocínios mais criativos e inovadores do criador da geografia social, Fernand Braudel, em seu *O Mediterrâneo e o mundo mediterrâneo na época de Filipe II* (Lisboa: Dom Quixote, 1966) – considerada pelo *New York Times* a obra de história mais significativa de todos os tempos –, sugere, como conclusão do capítulo, que o principal produto que a montanha mediterrânea tem a oferecer, seja ela nos Alpes, no Magreb ou na Calábria, é o homem e sua força de trabalho. Na edição original, *La Mediterranée et le monde mediterranéen a l'époque de Philipe II* (Paris: Armand Collin, 1966), o capítulo citado se encontra nas páginas 40-53.

arroz cru, embebido em vinho branco, e hortelã no lugar do coentro, mas ambos os pratos são embalados do mesmo modo, com o mesmo material, têm fundamentalmente o mesmo recheio e passam pelo mesmo processo de cozimento.[16]

Encontramos também forte semelhança no uso dos interiores do carneiro num prato tradicional da Provença francesa, o *Pieds et paquets à la Marseillaise*, que é feito com as tripas do carneiro enchidas com um recheio moído bem fino, feito de intestino grosso e gordura (*petit salé*), temperado com alho, salsinha e pimenta. O preparo se faz cozinhando-o, durante quatro horas, num caldo de carne e vinho branco seco, temperado com tomate, cravo, alho-poró, cenoura e cebola, pés de carneiro e as tripas recheadas.

Apesar do preconceito das classes sociais abastadas do Sudeste do país (e de todas as classes do Sul, que cria ovelhas, mas não bodes), o embutido com carne de bode está em alta no Brasil. Segundo pesquisa feita em 2003 pela Universidade Federal do Ceará e divulgada na revista *Ciência Rural*, é ótima a aceitação de embutidos feitos a partir de misturas com 25% de carne caprina com mais de 24 meses de idade e 75% de carne suína, mesmo considerando que os animais usados para tal experiência fossem todos animais de descarte, com idade superior a 24 meses. Diz o artigo que a pesquisa foi dirigida pelo laboratório de análise

---

16 A confecção e consumo dos maranhos desde sempre estiveram associados aos dias festivos. A cabra da raça Charnequeira e seus cruzamentos, animal inseparável das gentes de parcos recursos, era o meio disponível para a celebração de festas religiosas ou de um acontecimento familiar. No cardápio tradicional da região, o maranho era usado para enriquecer o cozido, onde as couves eram bem temperadas com a carne de porco da salgadeira. A necessidade de nada desperdiçar estimulou o engenho culinário. Utilizando o bucho da cabra, prepara-se uma mistura constituída por carne de cabra ou cabrito, outrora das partes menos nobres, associadas a outras carnes e arroz, tempera-se com vinho branco e perfuma-se com hortelã. Depois de cozidos, os maranhos constituem um magnífico prato, que pode ser servido simples, acompanhado de uma salada, ou de grelos de nabo salteados em alho e fino azeite. Ver http://www.netsigma.pt/drabi/info_divulg/agro_florestal/p_q_bi/maranhos_p.asp. Aqui, adequou-se ao vocabulário brasileiro.

sensorial do departamento de tecnologia de alimentos da universidade, com um universo formado por 50 provadores.[17]

Em artigo, para a *Folha de S.Paulo*, que assinala a aceitação da carne caprina brasileira nos Estados Unidos, a jornalista Rachel Botelho cita o pesquisador Evandro Vasconcelos Holanda Júnior, da Embrapa Caprinos e Ovinos, sobre a superação do preconceito contra a carne de bode:

> Um dos maiores diferenciais da carne caprina é o baixo teor de gordura: a cada 100 gramas, contém 2,76 gramas, contra 3,75 gramas na de frango sem pele e 17,14 gramas na bovina. Também é uma carne rica em ferro, mineral cuja carência pode causar anemia e atraso no desenvolvimento das crianças: são 3,54 gramas, o dobro da quantia encontrada na carne de frango.[18]

Na Itália, há embutidos tradicionais feitos com caprinos muito jovens. O *abbuot' di agnello*, do vale do Volturno, nos Apeninos, é um enrolado de cabrito feito de tripas, fígado e pulmão cozidos em fogo lento, em água e azeite, temperados com alho, pimenta vermelha e tomilho.

Da Sardenha vem mais um prato da chamada "cozinha pobre", o *gnumeridde*, um embutido montado em pequenos gomos ("gnumeridde", em sardo), feito de miúdos de carneiro cozidos e temperados com tomates, cebolas, azeite e queijo pecorino.

A ilha também contribui com um preparo muito original, não de carne, mas de leite de cabra: o *caglio di capretto* sardo, produto que usa como embalagem a coalheira (quarta câmara do estômago dos ruminantes), recheada com um resíduo láctceo mais ou menos firme, ácido e muito picante. Para o preparo, é preciso que se forme o coalho láctceo, o que ocorre apenas quando o animal se alimentou

---

17 BEZERRA, José Frederico et. al. "Desenvolvimento e caracterização físico-química e sensorial de embutido cozido tipo apresuntado de carne de caprino". Em *Ciência Rural*, v. 33, n. 6, Santa Maria, nov.-dez. de 2003. Disponível em: http://www.scielo.br/scielo.php?pid=S0103-84782009000900031&script=sci_arttext.

18 Em *Folha de S.Paulo*, 2-2-2009.

tão somente de leite materno. Após um complexo processo de transformação biológica, o embutido passa por um processo de curtição, posteriormente defumado.

A *merguez* é a prova da penetração da mistura de carnes norte-africanas no Ocidente, mesmo sendo orientais em suas origens. Ela entrou na Europa pelas relações coloniais entre França e os países do Magreb e conquistou os franceses, que a incorporaram em sua dieta habitual. A *merguez* – que significa "linguiça", em árabe – é extremamente popular no Marrocos, Argélia, Tunísia e Israel, e há décadas faz parte da gastronomia de países como França, Bélgica e Alemanha. É servida com fritas ou na forma de sanduíche, mas também ganhou notoriedade no *couscous* marroquino, como acompanhamento do carneiro. Tem como características típicas a presença da carne de carneiro em sua mistura, pura ou mesclada com carne de boi, e especiarias como páprica e harissa.

Embutidos *light*

Linguiças de carne magra estão cada vez mais na moda e, assim, aumentou a disponibilidade para o consumidor, com seus fabricantes adaptando-se aos novos tempos, onde o excesso de gordura animal é visto como nocivo à saúde. Com base nessa preocupação, pode-se argumentar a favor dos embutidos de suíno, que contêm proteínas nobres e aminoácidos essenciais, além de grande concentração de minerais, como ferro, zinco, cromo, selênio e magnésio, que combatem a anemia, e favorecem a cicatrização e o bom funcionamento do fígado. Os embutidos de porco são ricos em vitaminas B1, B2 e B12, extremamente necessárias. Aliás, a carne de porco contém os mesmos índices de colesterol que a carne de boi, de frango ou de carneiro.[19] O embutido do terceiro milênio é, sobretudo, mais ma-

---

19   Ver http://www.altroconsumo.it/images/18/186853_Attach.pdf.

gro do que os anteriores. Os cuidados com o excesso de gordura impuseram-se no mundo inteiro, obrigando os produtores, por uma questão de sobrevivência no mercado, a diminuir as proporções da gordura neles colocada. Na Itália, por exemplo, o presunto cozido apresenta 215 calorias, contra as 412 de trinta anos atrás. O presunto cru sem gordura traz 159 calorias, contra as 218 de antigamente. E o salame do tipo Milano diminuiu de 462 calorias para 390.[20] E a mudança não ocorre apenas por adaptações no equilíbrio entre partes gordas e magras das receitas.

A primeira explicação está na alimentação dos suínos. Durante séculos, os porcos comiam sobras. Hoje, são alimentados com controle nutricional, alimentando-se principalmente de trigo, cevada, batata e soja, tornando sua carne bem mais magra.

A seguir, para comparação, apresentamos uma tabela que traz valores calóricos de vários embutidos, *lights* ou não.

EMBUTIDOS	QUANTIDADE	CALORIAS
Apresuntado	1 fatia (15 g)	22
Blanquet de peru	1 fatia (10 g)	13
Copa fatiada maturada	1 fatia (6 g)	22
Linguiça calabresa	1 porção (100 g)	300
Linguiça de frango	1 porção (100 g)	166
Linguiça de peru defumada	1 porção (100 g)	148
Linguiça toscana	1 porção (100 g)	255
Lombo canadense	1 fatia (15 g)	21
Lombo defumado	1 fatia (15 g)	29
Morcela	1 porção (100 g)	258

(cont.)

---

20   Todas as avaliações considerando a quantidade de 100 g.

EMBUTIDOS	QUANTIDADE	CALORIAS
Mortadela	1 fatia fina (15 g)	41
Mortadela de frango	1 fatia fina (15 g)	20
Paio	1 unidade	314
Peito de peru defumado	1 fatia (15 g)	14
Presunto cozido	1 fatia (15 g)	18
Presunto cru	1 fatia (15 g)	54
Salame italiano	1 fatia pequena (2,5 g)	10
Salaminho	1 fatia pequena (2,5 g)	10
Salsicha	1 unidade (40 g)	120
Salsicha *light* de chester	1 unidade (40 g)	64
Salsicha hot dog	1 unidade (50 g)	115
Salsichão	1 fatia (10 g)	30

Vegetarianos

Um dos embutidos vegetarianos mais tradicionais é o *kishke*, variação da *kishka* do Leste Europeu, que segue os preceitos alimentares *kasher* judaicos e pode ser encontrado, nos dias de hoje, numa versão integralmente vegetariana. Essa salsicha – que foi difundida pelos judeus asquenazes em toda parte e que costuma acompanhar o *cholent*, a refeição tradicional do *shabbat* – tem seu recheio feito de cebola e farinha de pão ázimo (*matzá*), cozida no vapor e assada. O invólucro do *kishke*, no entanto, que costumava ser do mesmo tecido orgânico da grande maioria dos embutidos – intestino de carneiro, garganta de galinha ou outro colágeno, como tripa de boi – pôde ser substituído por embalagens sintéticas, tornando-se um produto integralmente vegetariano.

Já a salsicha inglesa *glamorgan* não precisou sofrer qualquer adaptação, pois nasceu vegetariana. Ela é feita de farinha de rosca, queijo, cebola, ovos e ervas.

Por toda a parte, são cada vez mais presentes produtos que seguem o vegetarianismo humanista, substituindo carnes por outras fontes proteicas (como a soja), com envoltório também vegetal. Já existem nos Estados Unidos e na Inglaterra grandes marcas comercializando esse tipo de embutido, e o ícone máximo desse tipo de produto leva o nome da ex-mulher do Beatle Paul: a Lucy McCartney Sausage.

Embutidos brasileiros

Os embutidos feitos no Brasil têm base nos rebanhos locais, todos eles de origem indo-europeias, sejam suínos, caprinos, ovinos ou galináceos. São essencialmente cópias dos modelos trazidos pelos imigrantes, tanto na carne como nos temperos, ignorando ingredientes autóctones que inovariam e criariam produtos originais, como – somente para especular – pimentas da Amazônia, queijo de coalho, mandioca em farinha ou em pedaços, urucum, açafrão-da-terra e outros.

Há duas vertentes que, embora secundárias, merecem registro: os embutidos de cultivo recente (avestruz, javali e outros), domesticados há menos de um século; e os embutidos que utilizam carnes de animais silvestres como paca, capivara, jacaré, jaguatirica, ema, tatu, jiboia, ratão-do-banhado e outros.

O apelo deste livro é principalmente gastronômico e nutricional, sem deixar de lado conquistas civilizatórias, questões que envolvem a saúde do consumidor, a sobrevivência das espécies utilizadas no preparo dos embutidos e a legislação que combate o abate ilegal de animais silvestres.

A última, aliás, não é uma questão secundária no Brasil. O tráfico constante de animais silvestres no país movimenta bilhões de reais, sustentando um mercado ilegal apenas menor do que os de armas e drogas. A apreensão de linguiças de capivara em açougues de Bauru, Botucatu e Barra Bonita pela Polícia Militar

Ambiental é tão constante, que serviram de incentivo ao Instituto de Biociência e à Faculdade de Medicina Veterinária e Zootecnia da Unesp de Botucatu a desenvolver uma técnica de análise isotópica que permite detectar se a procedência animal usada na fabricação das linguiças é ou não silvestre.

As conquistas civilizatórias tratam do sofrimento causado por certas práticas gastronômicas, como promover a morte cirrótica do ganso em troca do seu magnífico fígado inchado. É uma questão que deve ser levada em consideração por todos os que prezam os avanços culturais realizados nos últimos séculos. Deve ser discutido o assassinato de filhotes, alguns ainda mamando, como é o caso do *conchinillo*, o leitãozinho espanhol e o *letchazo*, um cordeirinho alimentado apenas por leite materno. Existem crustáceos que morrem em água aquecida na panela já com o animal dentro dela, não causando impacto térmico e prolongando o sofrimento pelo lento aquecimento, que protege a maciez da carne. São tantos os exemplos que, vistos de forma extremada, abarcariam até mesmo a produção de animais para abate, cujas vidas são usadas no sentido mais utilitário possível, tornando-os uma espécie de bolsa proteica, ou seja, animais disponíveis para serem abatidos conforme a necessidade ou o lucro. Evidentemente, a história do nomadismo e seu declínio está intrinsecamente ligada à agricultura e ao pastoreio, assim como o cultivo de animais para abate está ligado à história do mercantilismo. Vida animal enquanto objeto de troca. Uma ética não diferente da do verdureiro, que encurta a vida dos vegetais para colocá-los à venda no mercado, enquanto estão com sua energia vital em ascensão. São questões que permanecem pendentes.

Num outro sentido, a vigilância dos órgãos públicos não significa o fim da produção legal de embutidos a partir de animais silvestres. Muitos animais podem sair da condição de silvestre para serem domesticados. O Ibama autoriza, e ensina, a produção em cativeiro de determinados animais para o abate, como o jacaré, cuja carne vem sendo legalmente comercializada no Amazonas com sucesso.

A academia vem dando certo suporte a esse uso: experiências do uso de animais exóticos, como a capivara e a ema, por exemplo.

A Universidade Federal do Paraná estuda o uso de animais silvestres em embutidos, como comprova o estudo que fundamentou a pesquisa a seguir:

> Salsichas e fiambres elaborados com carne bovina, suína e de capivara foram comparadas sensorial e bromatologicamente. Todas as características sensoriais da salsicha elaborada com carne de capivara foram consideradas aceitáveis, não havendo diferença estatística em relação à salsicha-controle. A substituição da carne suína pela de capivara na elaboração de salsicha e fiambre não modificou as propriedades organolépticas dos produtos analisados, exceto no caso do atributo sabor para fiambre.[21]

A Universidade Federal de Santa Maria fez o mesmo em 2007, cujos estudos se voltaram para embutidos de ema:

> A fauna silvestre representa uma opção de fonte proteica para o Brasil e outros países da America Latina, Europa e Ásia. [...] Este trabalho teve como objetivo desenvolver e caracterizar um embutido curado fermentado contendo carne de ema (*Rhea americana*) e carne de suíno, no mercado brasileiro. [...] Os resultados das análises físico-químicas mostraram que os produtos elaborados estavam dentro da legislação vigente para salame [...] Os produtos desenvolvidos com maior proporção de carne de ema em relação ao suíno tiveram a menor preferência pelo painel de avaliadores, sendo que os embutidos formulados com 90% de carne de ema receberam as menores avaliações.[22]

A despeito da busca por alternativas, a indústria brasileira de embutidos exportados ou consumidos no país movimenta números consideráveis, equiva-

---

21 J. M. Salgado, M. T. Galvão, M. L. P. Storer, S. G. Canniatti-Brazaca, *Utilização da carne de capivara na elaboração de salsicha e fiambre*, B. Ceppa, Curitiba, v. 17, n. 1, jan./jun. de 1999. Disponível em: http://ojs. c3sl.ufpr.br/ojs2/index.php/alimentos/article/viewFile/13805/9302.

22 Edsom Roberto Lorenci Toneto, *Desenvolvimento de embutido curado fermentado de carne de ema* (Rhea americana) *associada à de suíno*, 2007. Disponível em http://jararaca.ufsm.br/websites/ppgcta/download/Dissertacao/Toneto.pdf.

lentes a de países com grande tradição produtiva. Nada surpreendente, pois, em países produtores como o Brasil, o embutido sempre foi produto de otimização do cultivo animal. Num processo acelerado de concentração de capital, as grandes empresas absorvem as menores e se associam com as grandes.

Mesmo no centro da crise de 2007, o setor de embutidos não parou de crescer, tanto no mercado externo quanto no interno, sendo a categoria que mais contribuiu para o aumento de 8,19% no faturamento nominal de todo setor, segundo o instituto de pesquisa ACNielsen. O segundo maior crescimento (na área de alimentos em 2007) vem da cesta de Perecíveis (+7%) e a categoria Frios e Embutidos, que obteve um bom desempenho com incremento de 8,9%.

Como acontece em outras áreas, a sofisticação gastronômica está apenas começando entre os embutidos, e poucos são os que se atrevem a enfrentar o gosto consolidado e tradicional. Poucos no mundo se dispõem a ousar com produtos de primeira linha entre os embutidos, alguns porque são fruto de ingredientes raros e caros – como é o caso da tradição toscana de usar *pinole* e semente de erva-doce selvagem –, outros porque dependem de fatores de produção difíceis de reproduzir em série, como alimentação e tratamento especial do animal, cuidados especiais nos cortes e pesquisa mais apurada nos temperos.

Por isso, alguns *chefs* fazem artesanalmente para consumo próprio os embutidos que usam em suas cozinhas. Fazem porque gostam, porque se satisfazem com os resultados e porque seus produtos são melhores do que os que encontram no mercado.

A presença de pimenta, pimentão, salsinha e outros ingredientes tem a preferência da maioria dos consumidores. Erva-doce, gengibre, salsão, cevada e queijos variados não fazem parte do arsenal de gostos comprovados e, portanto, não são usados nem mesmo pelos mais artesanais e pretensiosos.

O frigorífico Marba, por exemplo, desenvolveu uma linha de produtos de dianteiro e traseiro bovinos salgados, curados e dessecados (*jerked*) para atender tanto o mercado interno, acostumado à carne de charque, quanto o externo, particularmente o norte-americano. A Hans possui uma linha de produtos à base de peixe, linguiça defumada a partir de filé de pintado e um salsichão temperado com tomate seco.

A Indústria de embutidos Endler, fundada por emigrantes alemães na década de 1880, sitiada em Porto Alegre, onde a imigração alemã foi consistente, reproduz com qualidade a linguiça branca, a salsicha tipo *bock* e a Frankfurt, produz linguiça calabresa, mortadela com ou sem toucinho e outros produtos de origem italiana.

São Paulo concentra a maioria dos produtores e consumidores de embutidos com tradição italiana. No interior, encontram-se vários produtores, entre eles a salsicharia de Bragança, em atividade desde 1911, que produz linguiça calabresa de metro fresca para tostar na chapa e suas variações (apimentada, com queijo ou azeitona e no vinho). É do paladar brasileiro a modalidade seca de pernil de porco.

Empresas como a Ceratti sempre tiveram público cativo, particularmente pela mortadela, mas também por ser referência em *cotechino*, *zampone* e *pancetta*. O *bacon* que produz segue os princípios dos melhores da Inglaterra, com carne magra presente entre a camada de gordura.

A Wilken, indústria de frios de Vinhedo, segue a linha alemã de produção, escolhendo para produzir, entre outras salsichas e salsichões do receituário alemão mais difundido, o *Papricawurst* e o Salsichão Branco, duas receitas difíceis de achar entre os brasileiros.

Em Itapetininga, interior de São Paulo, há uma fábrica de produtos defumados de procedência suíço-alemã, a Feichtemberger, aberta desde 1933, que faz mortadelas, salames, salsichas e linguiças de alta qualidade.

Em São Paulo, o mais famoso dos produtores artesanais talvez seja Luiz Trozzi, amigo e fornecedor de gente importante no mundo da culinária paulistana, como Massimo Ferrari e Vincenzo Venitucci. Há cinquenta anos, Trozzi produz alheiras, morcelas, codeguins, salsichas e linguiças a partir de muitos ingredientes, com certa licença criativa, enchendo eventualmente a tripa com carne de camarão ou usando no preparo queijos picantes, vinho e pimenta.

O Rei da Linguiça é singular por ser de 1966 e, portanto, longe da tradição dos imigrantes, muito mais voltado à sofisticação da gastronomia e da qualidade de nicho. Seus produtos estão em algumas das melhores casas especializadas neste espaço ritualístico paulistano, o *happy hour*, quando centenas e centenas de trabalhadores, afrouxam suas gravatas e vão aos bares tomar uma cerveja e comer uma porção de linguiça ao sair do trabalho.

A Cinque de São Paulo é percebida como um produtor de qualidade por ser fornecedor de lojas de grande prestígio, como os Empórios Santa Maria, Speranza e Santa Luzia. Sua *sopressata*, seu campesino e os picantes *diavoletti* estão entre os grandes do Brasil.

A Berna, Frios Finos de Louveira, São Paulo, abre um pouco mais o leque, produzindo salsichas de origens italiana, alemã, suíça e inglesa, algumas diferentes do que o consumidor comum está acostumado a encontrar. A *cipolata* (carne de vitela), a Oxford (suína com ervas), a Frankfurter, a Debreziner (carne bovina com tempero picante), Swiss Dog (carne mista de suíno e bovino), Cervela (salsichão com alho), Weisswurst, Scüblig (pinguim) e Karlbsbratswurst (salsichão de vitela), abrindo o leque de alternativas, misturando produtos conhecidos e tradicionais a produtos raros.

Ainda em São Paulo, vale citar empresas semiartesanais como a Pirineus e a Salamanca, cuja origem espanhola não negam sequer na nomenclatura dos seus produtos anunciados – Jamones, Fuët, Sobrasadas, Chorizos, Morcillas e Butifarras, negra, cruda, catalana e blanca; ou, no caso da Salamanca, cantimpalo Morcon.

Causa estranheza a falta de nomes portugueses entre as produtoras industriais. Afinal, Portugal não é apenas uma das principais fontes de receitas originais: a descendência brasileira deveria manter sua tradição produtiva, local, regional e nacional, como fizeram os descendentes de outras origens. A indústria produz o paio e a linguiça portuguesa, essenciais para a feijoada carioca de feijão--preto e couve. Por que então a falta de nomes portugueses? Não se sabe ao certo.

Saindo das reflexões sobre origem e produção artesanal, semiartesanal e industrial, legislação regional e nacional, citamos um movimento que merece destaque, aquele que tende a reproduzir o que de melhor se faz na Europa, não mais para atender a demanda de produtos conhecidos num patamar qualitativo médio, mas de superar o memorável em busca da excelência, sem medir custos tecnológicos ou de treinamento.

Esta tendência mostra ao menos dois produtores diferenciados, um em Minas Gerais, outro no Paraná, respectivamente Chiari e Romani, coincidentemente oriundos de famílias italianas. Coincidentemente porque aqui não prevalece o sentido da tradição, mas a perspicácia mercadológica, onde se faz necessário intuir a tendência da criação de nichos de consumidores prontos a pagar muito mais pelos grandes produtos gastronômicos.

A Salumeria Romani de Curitiba é um projeto industrial menos ligado à vontade de simplesmente reproduzir o passado do imigrante no novo país. Em 2001, Ademir Romani, produtor bem-sucedido de suínos para exportação, decide diversificar e passa a estagiar em alguns dos melhores produtores de salames italianos mais reconhecidos do norte e centro da Itália, do Trento a Valdobiadene, de Bolonha a Cremona, de Parma a Mantova, sempre procurando a excelência do que se fabrica por lá. Sua linha de produtos de qualidade surpreendente traz para o Brasil representantes legítimos da estirpe de *colatelli*, salames, mortadelas e outros produtos diferenciados na salumeria italiana. Por razões de mercado, produz uma mortadela de forte apelo regional e que nada tem a ver com a sua Itália: a Cracóvia de Prudentópolis, polonesa no nome, ucraniana na origem, feita com carne suína, alho e pimenta, delicadamente defumada.

Mas o próprio André Romani, em entrevista por *e-mail*, mostrava a seriedade de suas intenções serem limitadas pelas regras de circulação de mercadoria perecível no Brasil, que, como acontece em outras áreas como o queijo, no intuito de defender o consumidor, acaba por penalizar produtores de grande qualidade.

Nossa produção é bastante artesanal, pois conservamos os mesmos rituais aplicados por nossos antepassados, ou seja, os produtos são temperados e massageados a mão, defumados com lenha, e *stagionatti* em salas climatizadas normais, onde diariamente estamos em contato, quer aumentando a renovação de ar, quer reduzindo umidade, etc. [...] Atualmente, temos inspeção estadual do Paraná, portanto não podemos vender para revendas em São Paulo, por exemplo. Poderíamos estar vendendo inclusive para o mercado municipal de São Paulo, pois diversos clientes já solicitaram os nossos produtos. Estamos aguardando o SISBI do Paraná para avançarmos fronteiras. Em resumo, sou apaixonado por fazer esses produtos. Mesmo que haja dificuldades, vamos adiante...

Para exemplificar, no início de nosso trabalho aqui no Paraná, um fiscal do governo, ao ver todos os salames, com *la muffa Bianca*, me mandou jogar tudo fora porque acreditava que o produto estava todo estragado.

Num pique parecido, encontra-se a artesanal Salumeria Chiari, de Belo Horizonte, que deixou um articulista do caderno "Paladar" do jornal *O Estado de S. Paulo* entusiasmado com o presunto cru que estava degustando na Segunda Festa Italiana de BH. Diz ele que do mesmo nível do *culatello*, o *capocollo*, o *speck* e o salame que produz em sua salumeria no bairro da Liberdade.

Chiari aprendeu as técnicas da preparação do *prosciutto crudo* com uma amiga italiana, chamada Maria Milano, descendente de produtores de presunto. Entusiasmou-se e acabou indo para a Itália para aperfeiçoar sua técnica em visitas às principais regiões produtoras dos curados. Assim, aprendeu a fazer o *culatello*, em Zibello, sua área de Denominação de Origem Controlada, na Emilia Romagna. Este produto nobre é feito com a parte alta e posterior da coxa do suíno e para retirá-la é preciso desmontar a coxa, o que inviabiliza seu aproveitamento para fazer presunto. A receita do *prosciutto crudo* de Chiari segue as mesmas técnicas aprendidas em Langhirano, uma pequena aldeia perto de Parma, a capital da Emilia Romagna. Ali o sabor da perna suína traseira curada impressionou o visitante. Os segredos do salame vieram da vizinhança, Felino. Para fazer o defumado *speck*, o pernil é desossado no início da preparação e bem temperado. A técnica vem de Bolzano, no norte da Itália. O *capocollo* no Brasil é mais conhecido como *coppa*. Para prepará-lo, utiliza-se a paleta do porco, ou seja, a pata dianteira. A carne é salgada e temperada com ervas e especiarias. A receita escolhida por Chiari veio da Calábria.[23]

A Sapori d'Italia poderia estar inserida nesse movimento se não tivesse partido para uma linha de autor, criando receitas a partir das aceitas como de denominação de origem controlada, alterando-as conforme a aprovação do cliente e a sua própria inspiração. Produz e distribui artesanalmente e dispõe, além de produtos mais comuns, como os salames milano e italiano, um "queijo de porco", cuja literatura encontrada em seu *site* diz:

Preparado a partir de língua, carne de cabeça (sem miolo), courinho cozido, carnes de paleta, temperinhos verdes, ervas aromáticas, não utiliza rim nem fígado, somente miúdos especiais. Sempre feito com carnes frescas de suínos. Antigamente se fazia embutido no próprio estomago do suíno, mas hoje se embute preferencialmente em tripa plástica.[24]

Finalmente, um produto sem qualquer outra qualificação merece ser componente deste capítulo, se não fosse por outra razão, por ter entrado no livro dos recordes, o Guiness, como a mais longa linguiça do mundo, no ano de 1998: a de Maracaju, no Mato Grosso do Sul, na divisa com o Mato Grosso, por conta da sua festa anual, promovida pelo Rotary Club da cidade e que costuma trazer visitantes dos arredores na ordem de 30 mil turistas na semana do evento. Originalmente, era linguiça de suíno – como seus colonos, vindos do Triângulo Mineiro, a trouxeram algumas décadas antes. Porém foi se adaptando à produção bovina local e se fixou na forma bovina. Segundo o *chef* mato-grossense, o professor da Faculdade

---

23 Rusty Marcellini, "Italiano lá de Minas faz *speck, prosciutto, culatello* e *salame*", Paladar, *O Estado de S. Paulo*, 18-2-2010.

24 Disponível em http://www.saporeditalia.com.br/.

Anhembi Morumbi, Paulo Machado Coelho, a Maracaju é feito de carne verde, temperada com pimenta-de-cheiro (bodinha), suco de laranja e cheiro-verde, uma receita com originalidade suficiente e sucesso reconhecido pelo público, a ponto de ser produto de Indicação Geográfica, como parecem estar dispostos os empresários da região, que já detêm selo de garantia de inspeção sanitária da linguiça que produzem, apoiados pelas autoridades públicas de Maracaju.

Harry Pisek

Harry Pisek começou a fazer salsicha com um alemão em São Paulo, em 1982, e lá ficou por dois anos. Em seguida, foi para Stuttgart, Alemanha, e por três anos estudou a arte da salsicharia. Voltando ao Brasil, trabalhou em frigoríficos e, em 1997, inaugurou em Campos do Jordão seu restaurante e loja.

"Quando resolvemos montar um restaurante em uma cidade sazonal como Campos do Jordão, a maior dificuldade era organizar o fluxo de mão de obra, pois precisávamos ter uma equipe pequena e de qualidade, além de controlar a compra de mercadorias, para não haver excessos nem faltas."

O passo a passo na fabricação de salsichas: Colocam-se as carnes (pode ser bovina, suína, aves) no *cutter* – máquina que tritura e mistura as carnes e os temperos. Acrescenta-se gelo para não esquentar a massa, então, retira-se a massa do *cutter* e a coloca na ensacadeira. Daí, a massa é colocada na tripa e, dependendo do tipo de salsicha, é cozida em água ou é defumada. Então, é só embalar.

Na verdade, a formulação de uma salsicha é como elaborar um prato. Podemos escolher os tipos de carne e os temperos que queremos usar. Pode-se fazer várias combinações entre carnes bovina, suína, de aves e truta, além de temperos (sal, pimenta, noz-moscada, alcaparras, pistache, etc.).

O diferencial entre salsichas artesanais e industriais é o processo de fabricação. Numa grande indústria, aproveitam-se bem os insumos, devido à tecnologia. Já a artesanal permite criar produtos diferenciados, como salsicha com queijo ementhal, salsicha de pistache, etc.

Feijoada do restaurante A Figueira Rubayat.
© Restaurantes Rubayat

Sanduíche Calabrês, com hambúrguer de linguiça calabresa.
© Lanchonete da Cidade

Parrillada argentina.
© Gabrieldom/Dreamstime.com

Copa.
© Gabrieldom/Dreamstime.com

Haggis, prato típico escocês.
© Monkeybusi/Dreamstime.com

Salsichão de Estrasburgo.
© Canaricrea /Dreamstime.com

Feijoada carioca.
© Lubueno/Dreamstime.com

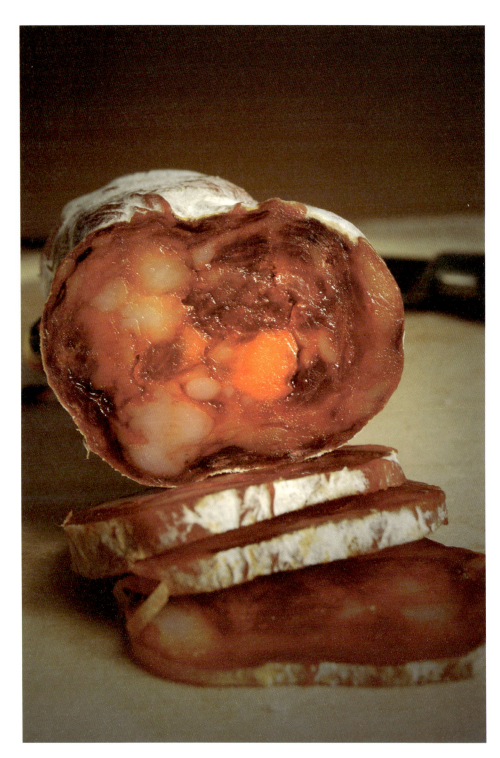

Chouriço.
© Liloupictu/Dreamstime.com

Salame.
© Tatik22/Dreamstime.com

Cotechino in galera.
©Comugnero Silvana/Pixmac

Alheira portuguesa.
©Luso/Istockphoto.com

Quiche Lorraine.
© Travellinglight/Istockphoto.com

Embutidos cozidos.
© Estrela Alimentos

Linguiça calabresa defumada.
© Estrela Alimentos

Bresaola em fatias.
©Bravajulia/Istockphoto.com

Harmonização

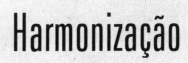

O vinho é o complemento ideal de todo embutido, quando se considera a harmonização pelo ponto de vista da digestão e não apenas do prazer. Caso contrário, rivaliza com a cerveja, que tende a trazer um excesso de calorias à refeição, pois tanto o líquido quanto o embutido e seus acompanhamentos mais comuns são extremamente calóricos. Evidentemente, há vinhos que se casam melhor, mas, de modo geral, a complementação se dá *a priori*. (Por exemplo, embutidos que, na fabricação, possuem vinho entre seus componentes.) No entanto, tudo tende a complicar-se devido à quantidade de alternativas que se apresentam.

Embutidos são produtos de confecção artesanal, temperados com ervas e especiarias tradicionais de determinadas regiões. Assim, são associados a vinhos locais, como é o caso dos tradicionais *chianti* dos Colli Luchese, levados à mesa com toda a produção de embutidos dos arredores de Lucca, tradicional produtora toscana de derivados de suíno, o que faz que estejam associados a esses vinhos. Mas isso não quer dizer que estariam mal acompanhados caso fossem consumidos com outros vinhos. Pois, ao decompor as principais características organolépticas de um prato, podemos criar associações de similaridade ou contraste com a bebida que se quer servir em conjunto. Assim como na comida, detectam-se no vinho traços de açúcar, sal, acidez, amargor, pimenta, defumação, etc. O embutido defumado talvez casasse bem com um vinho passado em carvalho, para reforçar as características que lembram a presença da madeira. Um embutido temperado com páprica ou qualquer outro derivado de pimentão, teria reforço em algum vinho feito de uma uva cujo aroma lembrasse esse vegetal, como a Cabernet Sauvignon. Mas, ao contrário, é provavelmente mais gastronômico não reforçar as qualidades da comida com um vinho que se lhe assemelhe, mas, sim, com um que a complemente, quase sempre pelo contraste. Pois reforçar o pimentão de um embutido significaria dizer que lhe faltava algo de pimentão na própria receita de preparo; se é bem-feito, se está equilibrado e gostoso, não tem por que reforçar o seu sal, seu açúcar, seus aromas. O complemento tem de ser encontrado nas características fundamentais.

Para embutidos que têm o seu fator gorduroso muito presente – como uma copa, por exemplo –, procura-se um vinho que apresente a acidez dos vinhos tintos jovens e dos brancos de pouca estrutura.

Vale citar Enrico Bernardo, melhor *sommelier* da Itália (1996/1997), da Europa (2002), e do mundo (2004), atual responsável pelo serviço de *sommelier* no restaurante Cinc, do hotel Four Seasons George V de Paris.

> Existem sensações elementares que precisamos levar em conta [entre um vinho e um prato] para manter todos os equilíbrios gustativos entre eles. A acidez do vinho se equilibra com a gordura do prato. Os taninos, com a untuosidade. O álcool, ao crocante e à salivação provocada pela textura dos ingredientes na boca. O *bouquet*, com as ervas aromáticas ou com as especiarias. Os açúcares residuais, com a suavidade do prato. O formato redondo ou a suavidade, com o amargo, o salgado e a acidez de nosso prato. Em resumo, as sensações gustativas devem estar na mesma escala de intensidade e de persistência para produzir uma harmonização perfeita entre um vinho e um prato.[1]

Os embutidos muitas vezes não passam de complemento de um prato mais complexo, ou, talvez, apenas um dos tantos componentes fundamentais. Do ponto de vista da harmonização, isso significa que nela podem interferir de maneira fundamental outros elementos do prato, tanto quanto o próprio embutido ou, eventualmente, mais do que ele. No caso da comida alentejana, que mistura frutos do mar com o chouriço de sangue, quem dá o tom? No caso de uma *paella* que contenha alho, linguiça curada, carne de coelho, marisco, pimentão e, talvez principalmente, o açafrão, quem dá a última palavra? A untuosidade da eventual linguiça curada? A especiaria, o alho, o pimentão?

Em outros casos, os embutidos são refeições completas, compostos de aveia, arroz, batata, verduras, etc. No entanto, são reforçados pelo uso de determinados

---

1   Ver Enrico Bernardo, *A arte de degustar vinho* (São Paulo: Nacional, 2006), p. 188.

molhos que os acompanham de modo tão presente, podendo ser fundamentais sob o ponto de vista da harmonização. O salsichão de Estrasburgo pode ser identificado como um embutido de massa cozida suína, temperado à base de alho, o que nos orienta para uma escolha. Mas, então, descobrimos que, na receita de que faz parte, vai ser usada uma mostarda preparada à base de vinagre de vinho, misturado com molho inglês e, ainda, com *ketchup* indiano. Como harmonizar? Provavelmente, o caminho é testar a partir da intuição e da tradição, pois todas as alternativas terão obstáculos de algum elemento.

No caso dos embutidos, reforça-se o conselho de não subestimar casamentos históricos, pois a relação consagrada entre tal vinho e tal prato é resultado que sintetiza várias tentativas anteriores: desde o século XV, quando da sua elaboração, o *bollito misto* acompanha o Barbera e outros vinhos jovens de média estrutura; a grande mortadela bolonhesa é a companhia perfeita para o Lambrusco bem seco; os embutidos alsacianos são servidos com uma taça de vinho branco da região, de uvas Sylvaner, Pinot Gris, Riesling ou Gewürztraminer.

Pode-se afirmar que:

- Há grande harmonia entre embutidos cozidos, como salsichas e salsichões, e vinhos brancos frutados e secos. Dizem os titulares das academias francesas,[2] que, apesar de a cerveja se impor, pratos com esses embutidos vão muito bem com vinhos secos de cepas nobres, de preferência da Alsácia, não apenas os mais famosos, como os Riesling e Gewürztraminer, mas também os Traminer, Tokay, Muscat e Chasselas.

- Os grandes embutidos e aqueles em peças harmonizam com vinhos com forte potencial tânico, como um Chianti Classico, devidamente oxigena-

---

2   Ver o livro organizado por Académie des gastronomes & Académie culinaire de France, *Cuisine Française. Recettes classiques de plats e mets traditionnels* (Paris: Brodard & Taupin, 1974).

do em jarra[3] por ao menos uma hora, e, ainda, com espumantes secos e rosados de classe.

- Linguiças curtidas combinam com vinhos tintos mais jovens e ácidos, mas se dão igualmente bem com brancos e rosados ácidos, como os Sauvignon Blanc, no primeiro caso, e os rosados – da Côte du Rhône, o Tavel, em particular – no segundo.

- Vinhos verdes, brancos ou tintos, são servidos com linguiças e paios portugueses, do mesmo modo que o *beaujolais village* com os salames curtidos da região de Lyon. É óbvio que linguiças com características e temperos similares, como o paio e tantos outros salames italianos, espanhóis e franceses se dão bem com os mesmos vinhos. Portanto, o *beaujolais village* citado vai bem tanto com os curtidos de Lyon, como com os curtidos de outros lugares, como aqueles alemães que lembram a *andouille* no tempero e nos ingredientes.

- Com feijoada, um espumante, um vinho verde tinto gelado ou um Primitivo del Salento (a menos de 14 °C) são excelentes acompanhamentos, apesar de parecer estranho o vinho se imiscuir em um ambiente tão previamente organizado do ponto de vista cultural. De fato, parece até que a feijoada é produto de uma redoma gastronômica inquebrantável, onde apenas a caipirinha e a cerveja têm lugar. Não é assim: suas características permitem várias inciativas no sentido da harmonização, como provam as degustações promovidas pelas confrarias que pululam atualmente.

---

3 A moda impõe o decanter para esta tarefa por ser ele uma ferramenta específica ao vinho, mas não se trata da melhor solução para a função de oferecer ao líquido o maior contato possível com o ar, processo que confere maciez a vinhos muito potentes em tanino e álcool. Jarras de vidro costumam ter a boca muito maior e desobstruída, enquanto o decanter serve para decantar, como o nome bem o indica; ou seja, serve para facilitar a separação de eventuais resíduos sólidos sempre indesejáveis do líquido.

- Na *parrillada*, nada melhor de que um vinho estruturado, que trate em contraponto a gordura e o forte sabor dos embutidos e dos interiores bovinos grelhados. Opta-se pelo vinho tânico e alcoólico do corte bordalês, um vinho da própria região do Médoc, em oposição aos exageradamente adocicados e frutados, como os Malbec de qualidade mediana, que os produtores argentinos e seus importadores insistem em nos impor.

- No entanto, o vinho não deve custar muito mais do que o prato que o acompanha e vice-versa. Não quer dizer que uma mortadela não se dê bem com um jovem Borgonha, mas ficará mais à vontade quando acompanhado de um Nero D'Avola, um Lambrusco seco ou de um Chianti Classico, no máximo de corpo médio.

- Do mesmo modo, não se pode dizer que os grandes embutidos – e mesmo as peças de conserva, com a qualidade e brilho de um *culatello*, de um presunto serrano ou de Parma – não mereçam um grande e seco Chablis ou mesmo um Gevrey Chambertin, apesar de se darem perfeitamente bem com tantos outros vinhos como um Ribera del Duero Crianza.

- Os vinhos jovens do Sul da França, particularmente os cortes de *grenache* e *mouvèdre*, são as escolhas preferidas quando se trata de comer um cuscus *merguez*, pois a gordura e o sabor do carneiro estão presentes e regem a harmonia, principalmente se consideramos o apimentado molho *harissa*, componente que aquece o sabor do prato. Essa harmonia pode ganhar um interessante tom folclórico se, por acaso, a garrafa escolhida for a de um vinho argelino, potente e sem grandes pretensões.

- Levando a reflexão para um plano menos opiniático, é sabido – por conta de todas as alternativas que se impõem, desde o gosto adquirido de cada um, as especiarias, molhos e temperos presentes no prato a harmonizar, o ponto de cura, os ingredientes na mistura e outros fatores complementares – que nada melhor do que degustar com o *chef* algumas alternativas de vinho, para atingir a degustação ideal.

Grandes pratos com embutidos

Principiemos com duas joias da história da gastronomia, retiradas do *De re coquinaria libri decem*, de Marcus Gavius Apicius (*ca.* 14-35 a.C.),[1] a fonte mais citada do receituário gastronômico antigo.

Salsicha defumada[2]

Esmague pimenta, cominho, salsa e outros condimentos, como gengibre, canela, cravo-da-índia, folhas de louro e *garum*. Adicione, à carne bem moída, uma pimenta inteira, toucinho e *pinole*. Encha um estômago bem magro e suspenda para ser defumado na fumaça da lareira.

Barriga de leitão recheado[3]

Esvazie completamente o estômago do leitão, lave-o em vinagre salgado e água e encha-o com carne de porco batida, misturada com três cérebros limpos e ovos crus, adicionados de pinhões e pimenta em grão, pimenta moída, anis, gengibre e azeite.

---

1   Marcus Gavius Apicius, *De re coquinaria libri decem*, edição em latim disponível em http://www.gutenberg.org/files/16439/16439-h/apicius.htm#apicius.

2   Marcus Gavius Apicius, Lib. II: Sarcoptes, (56) "*IV. Lvcanicae. Lucanicas similiter ut supra scriptum est: [Lucanicarum confectio] teritur piper, cuminum, satureia, ruta, petroselinum, condimentum, bacae lauri, liquamen, et admiscetur pulpa bene tunsa, ita ut denuo bene cum ipso subtrito fricetur. cum liquamine admixto, pipere integro et abundanti pinguedine et nucleis inicies in intestinum perquam tenuatim productum, et sic ad fumum suspenditur.*"

3   Marcus Gavius Apicius, Lib. VII: Polyteles (289) "*VII. Ventricula 1. Ventrem porcinum bene exinanies, aceto et sale, postea aqua lavas, et sic hac impensa imples: pulpam porcinam tunsam tritam, ita ut enervata commisceas cerebella tria et ova cruda, cui nucleos infundis et piper integrum mittis et hoc iure temperas. teres piper, ligusticum, silfium, anesum, zingiber, rutae modicum, liquamen optimum et olei modicum.*"

O *gran bollito misto* do Piemonte

O *gran bollito misto* tem raízes no século XV, quando da instituição de uma feira anual de bovinos na cidade de Carrù, no Langhe piemontês, no norte da Itália. Apesar de ser um cozido similar aos de outras origens, seus molhos e a forma de servi-los fazem dele uma ponte entre tradição e modernidade.

Representa, ainda, curioso elo com um passado místico, pois o *gran bollito* é inspirado numa estranha ideia de equilíbrio alquímico: sete cortes de carne, sete *ammennicoli*, sete acompanhamentos e sete molhos.

Nas cidades italianas de Brà, Alba, Turim e Milão, essa receita ainda se encontra preservada. Em Carrù, sua terra natal, há quem sirva o prato simplificado, com apenas quatro molhos.

As carnes, os embutidos e as verduras são preparados separadamente, em panelas com água, levadas ao fogo junto com os demais ingredientes, e aí serão cozidos, respeitando seus tempos de cozimento (as carnes de segunda são as primeiras a irem para o fogo, pois são muito mais lentas que os legumes. Por último, vão os embutidos, que cozinham muito mais rápido).

Os sete cortes de carne originais são pescoço, canela, barriga, alcatra, costela, peito e músculo. Atualmente, é muito comum serem substituídas por peito, alcatra e uma carne de primeira, como a picanha.[4]

Os sete petiscos (*ammennicoli*) são língua, bochecha, rabo, perna, galinha, *cotechino* e *rollata*, de feitio semelhante ao *rollo de matambre* argentino, mas aqui feito com capa de filé, enrolando ervas e verduras.

(cont.)

---

4   Como ocorre no caso do restaurante Ca'd'Oro (que trouxe este prato para São Paulo), que faz cozinha do norte da Itália em São Paulo desde 1960, primeiramente no piso próximo à avenida Nove de Julho, na rua Avanhandava, atualmente na entrada do hotel pela Rua Augusta.

Os sete acompanhamentos são batata cozida, repolho, cenoura, espinafre na manteiga, cogumelos refogados, cebolas caramelizadas e uma taça de caldo de carne.

Por fim, os sete molhos são:

- *Cren*:[5] molho à base de raiz-forte e creme de leite; mostarda de Cremona, caldo cozido de frutas temperadas com sementes de mostarda;
- *Bagnet Ross*: espécie de *ketchup* picante;
- *Bagnet Ver*: feito com salsinha, miolo de boi ou pão amanhecido, banhado em vinagre e batido com aliche *sott'oleo*;
- *Peará*: caldo da carne, engrossado com farinha de rosca, miolo de boi e manteiga;
- *Peverada*: feito de fígado de frango, salame, aliche, alho e vinagre;
- *Cugna*: feito de nozes, pera e maçã, cozidas lentamente num caldo composto do vinho jovem da região (Dolcetto).

Feijoada e afins

A partir de meados do século XX, todo e qualquer brasileiro passa a saber o que é *feijoada*, mas suas origens geraram histórias, como a que diz tratar-se de um prato nascido na senzala, feito com restos de porco, dados aos escravos das fazendas de café. Gilberto Freyre já assinalava que o padrão alimentar do escravo era muitas vezes superior ao do dono do engenho e sua família, pois era mercadoria valiosa, a que não podia se dar ao luxo de adoecer.[6] Por esta razão, era comum,

---

5   Curiosamente, tem o mesmo nome utilizado na Europa Oriental, onde se adocica a raiz-forte com beterraba.

6   Gilberto Freyre, *Casa-grande & senzala* (47ª ed. São Paulo: Global, 2003), p. 107.

nos finais de colheita, o capataz dar um porco inteiro aos escravos. Além disso, as partes do animal (que hoje em dia seriam consideradas "dispensáveis", caso a feijoada não existisse) eram de grande procura, sendo utilizadas para fazer angu, comumente vendido, por escravas de ganho ou forras, nas praças e ruas das cidades.

Mas as origens da feijoada estão em Portugal, onde há meia dúzia de receitas regionais, tendo influenciado várias receitas Brasil afora, com esse ou aquele tipo de feijão, com a presença desse ou daquele tipo de vegetal, e variados pertences do porco.

No caminho entre os séculos XVII, que trouxe o feijão para o Brasil, e o século XX, que consolidou a feijoada carioca, nasceu o tutu de feijão, que compõe um dos pratos mais característicos da comida tropeira paulista/mineira.

Com sua simplicidade típica, João Rural, o jornalista João Evangelista de Faria, do programa *Fogão do João Rural*,[7] dá o seguinte tutu:

Tutu de feijão do João Rural

Ingredientes
1 kg de feijão-mulatinho
2 folhas de louro
farinha de mandioca
½ kg de linguiça fina de carne de porco
sal com alho
cheiro verde cortado miúdo, polvilhado sobre o prato na hora de servir

Modo de preparo
Cozinhe o feijão com as folhas de louro, deixando bem mole. Amasse e passe na peneira.
Frite o sal com alho e coloque o caldo do feijão, deixe ferver, e vá adicionando a farinha

---

7   João Evangelista de Faria, *Sabores do tempo dos tropeiros: uma recolha de receitas* (Paraibuna/Campos do Jordão: João Rural/JAC, 2001).

e mexendo para que não empelote. Faça uma papa meio mole. Coloque numa travessa. Frite as linguiças em pedacinhos e decore o prato.

Maria Stella Libânio Christo, que comandou A Toca, restaurante que ficava no bairro de Perdizes, em São Paulo, tirava a linguiça do tutu e acrescentava algo a mais, pois, de fato, é questão de interpretação saber se o embutido é ingrediente componente ou acessório, já que, de acordo com o costume, na mesa farta o tutu vai por si só, faz parte da mesa mineira. Mas nada impede que se saboreie, com ou sem linguiça.

Tutu de feijão da Toca

Ingredientes
1 colher de chá de tempero mineiro (alho, cebola, cebolinha verde, pimentão verde, salsa e sal, batidos no liquidificador)
½ xícara de chá de farinha de mandioca
½ kg de feijão preparado
2 ovos cozidos
1 kg de barriga para torresmo

Modo de preparo
Pode-se usar o feijão preparado com o caldo ou batê-lo integral no liquidificador. Numa panela de ferro, temperar o toucinho (partido em cubos, como que para torresmo) e fritá-lo lentamente em fogo brando. Retirar os torresmos com a escumadeira e pô-los a escorrer. Na gordura do toucinho, refogar o tempero e adicionar a massa do feijão. Depois, lentamente e mexendo sempre, distribuir por cima a farinha de mandioca.[8]

---

8   Receita 531, em Maria Stella Libânio Christo, *Fogão de lenha. 300 anos de cozinha mineira* (Petrópolis: Vozes, 1977).

Passando pelo tutu e por tantas outras receitas portuguesas (e eventualmente outras europeias, que misturam feijão com carnes suínas), a feijoada brasileira foi se moldando desde o início do século XIX, até, por fim, consagrar-se a receita da *feijoada carioca*, surgida no Rio de Janeiro do começo do século XX, como atestam os cardápios de vários restaurantes cariocas da época. Ela sacramentou o feijão-preto, cozido com os embutidos portugueses e acompanhado de couve, arroz e laranja. Diferenciou-se, assim, de outras feijoadas nordestinas, mais próximas da origem europeia, feitas com legumes e feijão marrom.[9]

Configura-se, portanto, como a feijoada que todo estrangeiro aspira, aquela que é servida nos bares e restaurantes dos grandes centros urbanos do país, principalmente às quartas e aos sábados.

Feijoada carioca de boteco

Feijão-preto, cozido com carne-seca, orelha, rabo e pé de porco salgados, linguiça portuguesa, paio, língua e costeleta de porco defumados, acompanhados de couve refogada em toucinho defumado, torresmo e laranja em pedaços, além de eventual bisteca de porco.

O prato é finalizado com a adição de molho picante, feito refogando, em azeite, alho, cebola, pimenta dedo-de-moça e tomate picado, além de parte do próprio feijão, amassado.

A feijoada carioca costuma ser tradicionalmente servida em uma cumbuca de barro, porém, atualmente, tem sido apresentada com seus ingredientes se-

---

9   Luiz da Câmara Cascudo, em *História da alimentação no Brasil* (São Paulo: Global, 2004), pp. 446-453, conta-nos a escalada do feijão no Brasil, do século XIX até chegar à feijoada completa, do modo como a conhecemos.

parados em várias cumbucas, em regime de *réchaud*, chegando a altos níveis de sofisticação em restaurantes mais chiques.

Feijoada do Rubayat

O Rubayat, restaurante que atingiu o máximo do requinte, serve a feijoada sempre precedida de um caldo de feijão; caipirinha composta de aguardente de cana-de-açúcar, limão espremido com açúcar e gelo; três tipos diferentes de gordura de porco – em torresmo, em *bacon* defumado e sem defumar –, com vários tipos de farinhas em farofa; e com alternativas, grelhadas, à bisteca tradicional, como o *baby pork*, um *cochinillo* (leitãozinho mamão) grelhado em pururuca; acompanha, ainda, arroz, feijão sem carnes, cumbuca de linguiças, cumbuca com os pertences mais gordos – como orelha, pé e rabo –, cumbuca com os defumados e cumbuca com costeletas e carne-seca.

À bolonhesa

Ah!, o famigerado molho à bolonhesa. A essência desse molho tão popular está na carne moída e na presença do tomate. Ele nem sempre leva linguiça, toucinho ou presunto cru, leite ou vinho, louro e salsão. Nem sempre fica com a aparência de um molho bem curado. Às vezes, é apenas um molho de tomate com carne moída, cujas manchas são a delícia das propagandas de sabão em pó televisivas.

É evidente que a presença ou ausência da carne de porco não é uma questão de somenos importância no molho de carne que se usa para a *pasta* italiana, tenha o macarrão a forma que tiver, se redonda ou achatada, se for nhoque, de batata ou semolina, se lasanha, etc.

E a situação torna-se mais complicada quando consideramos ao menos três outras importantes variáveis: o tempo de cocção, a presença ou não do leite ou do creme de leite na finalização do molho, e o vinho como ingrediente de cocção.

Pesquisando várias receitas, Marcella Hazan sugere que a receita original da bolonhesa não leva carne suína.[10] Já Luigi Carnacina, responsável por uma apostila de receitas editada pela Fabbri, recita o molho bolonhês com presunto cru e toucinho fresco.[11] As receitas de Giovanna Savoldi[12] completam as dificuldades de entendimento de quem quer definir o que vem a ser o molho à bolonhesa. O seu *Ragu alla bolognesa*[13] é feito com carne de boi, carne de vitela e presunto cru (leva tomate, é claro); já no *Fettuccine alla bolognese*[14], o "molho" é um ragu de carne misturado com queijo parmesão ralado, mais nada. Ela também apresenta uma *Lasagne alla bolognese*[15] com presunto cru, fígado de galinha, a parte magra do toucinho, *pancetta* e nada de carne bovina. Finalmente, *Pappardelle alla bolognese*, também feita simplesmente com ragu de carne.

Apesar das receitas apresentadas pela importante Academia Italiana de Culinária,[16] os títulos não convencem totalmente, ou seja, a bolonhesa significa quase nada. Pois, se nem mesmo a carne moída ou picada é ingrediente obrigatório, qualquer comida feita com tomate (e que manche a roupa) pode ser chamada de "à bolonhesa". O que não quer dizer que pratos à moda de Bolonha não sejam excelentes, ainda mais com embutidos, como é o caso de duas receitas: uma de ragu com linguiça (a seguir) e outra de sopa com mortadela (p. 125).

---

10 Marcella Hazan, *Fundamentos da cozinha italiana clássica* (São Paulo: Martins Fontes, 2002), p. 208.

11 Lugi Carnacina, *La pasta asciutta, ripiena, al forno*, col. I Jolly della buona cucina (Milão: Fabbri, 1973), p. 54.

12 Giovanna Savoldi, *Cucina emiliana e romagnola* (Milão: Del Riccio, 1984).

13 *Ibid.*, p. 14.

14 *Ibid.*, p. 29.

15 *Ibid.*, p. 34.

16 http://www.accademiaitalianacucina.it.

Ragu com linguiça à moda de Bolonha, versão de Massimo Puzzilli[17]

Pique cebola, um talo de salsão e cenoura. Refogue na manteiga. Acrescente as carnes (patinho e linguiça calabresa sem tripa) em partes iguais. Deixe em fogo alto até sumir a água. Acrescente uma concha de vinho branco seco e deixe no fogo até que ele evapore. Adicione uma concha de leite, noz-moscada e cravo moído. Ao reduzir, coloque uma folha de louro e a polpa de três ou quatro tomates grandes e maduros passados na peneira. Salgue e apimente. Diminua o fogo, deixe a panela tampada em $4/5$ até resultar num molho escuro e bem reduzido.

Tagliatelle al ragù

Refogue lentamente salsão, cenoura e cebola na manteiga e no toucinho. Junte 150 g de carne suína (moída para uma linguiça), 100 g de vitelo, 100 g de peito de frango, sal e pimenta. Despeje 50 g de vinho tinto e deixe que se evapore a fogo alto. Coloque 300 g de tomate sem pele e 1 colher de café de extrato de tomate no fogo novamente baixo, por aproximadamente 80 minutos. Quando estiver quase pronto, cozinhe a massa, junte-a ao molho, misture tudo e polvilhe um pouco do parmesão ralado.

Quando se trata de embutidos, Bolonha, La Grassa (a Gorda), está para a Itália como Lyon está para a França. Por isso, não é de se estranhar a existência de muitos usos e receitas desse baú sem fim, alguns bastante inusitados, como as duas receitas seguintes.

---

17   Resultado: escolhemos uma receita que nem está nos livros, a de Massimo Puzzilli, um romano que manteve a rosticceria La Ciociara em São Paulo.

Sopa à moda de Bolonha[18]

Esta é uma sopa característica de Bolonha, na região da Emilia Romagna, no norte da Itália. Ela é singular no preparo e no serviço, ambos inesperados. Primeiramente, faz-se uma espécie de suflê, com claras em neve misturadas a gemas, semolina, queijo parmesão e mortadela cortada fininha, temperada apenas com sal, pimenta e noz-moscada. Bem mexida essa massa vai ao forno em travessa refratária untada com manteiga para fazer suflê.

Pronto o suflê, deixe esfriar e corte em cubinhos, que serão jogados num caldo de carne em ebulição. Deixe cozinhar mais um pouco e sirva.

Linguiça com polenta

A polenta não poderia faltar neste receituário, seja por sua importância gastronômica, seja por sua importância histórica, visto que, assim como a massa nos remete às aventuras de Marco Polo no Oriente, a polenta nos leva obrigatoriamente às grandes descobertas americanas, pois a polenta é fruto do milho que foi a Europa para ficar, a partir das navegações de Colombo e seus seguidores. A receita abaixo é apenas um exemplo comum de uso corriqueiro do embutido com este alimento, que agora recupera o prestígio abalado, por ter sido supervalorizado como um alimento suficiente por si ainda na Idade Média, panaceia para alimentar caridosamente os pobres da Europa de então.

Ingredientes
300 g de linguiça toscana
1 kg de tomates maduros
2 dentes de alho amassados

---

18   Giovana Savoldi, *Cucina emiliana e romagnola* (Milão: Del Riccio, 1984).

250 g de farinha de milho para polenta

1 litro de caldo de frango

1 cebola picada

sal e orégano a gosto

Modo de preparo

Corte os tomates em gomos e bata no liquidificador até ficar homogêneo. Reserve. Corte a linguiça em cubos pequenos. Numa panela, coloque a linguiça e o alho e deixe até a linguiça fritar bem. Em outra panela, coloque a farinha de milho e o caldo de frango. Leve ao fogo, mexendo sempre, até a polenta ficar macia. Acerte o sal, se necessário. Retire do fogo e reserve. Leve ao fogo uma panela com a cebola até dourar. Adicione o molho de tomate e deixe reduzir em fogo baixo. Junte a linguiça e deixe por mais 5 minutos. Acerte o sal, adicione o orégano e sirva com a polenta.

Linguiça na pinga

Este é um típico prato de botequim carioca, no qual a presença da cachaça dá um tom de brasilidade tão ou maior do que a feijoada.

Ingredientes

2 batatas-doces médias

óleo para fritar

1 cebola média em gomos

3 colheres (sopa) de salsinha picada

sal a gosto

3 linguiças portuguesas ou defumadas médias

1 xícara (chá) de pinga

Modo de preparo

Acompanhamento: descasque as batatas-doces, lave e corte em rodelas de 1,5 cm. Coloque-as em uma panela, cubra com água e adicione sal. Leve ao fogo e cozinhe por

15 minutos, ou até as batatas-doces ficarem levemente cozidas. Retire, escorra a água, espalhe as batatas-doces sobre uma peneira e deixe secar um pouco. Em seguida, aqueça o óleo em uma panela e frite as batatas-doces por 10 minutos, ou até dourar. Retire-as com uma escumadeira e coloque-as em uma travessa. Reserve. Em seguida, coloque na panela o óleo e a cebola e frite-a rapidamente, ou até ficar macia e crocante. Retire e reserve. Lave as linguiças e seque-as com toalha de papel. Coloque-as em um refratário e despeje metade da pinga. Acenda um fósforo e deixe por 5 minutos, ou até flambar e o fogo apagar totalmente. Vire as linguiças e corte-as em gomos na diagonal. Disponha as linguiças sobre as batatas-doces, espalhe as cebolas e salpique a salsinha picada. Sirva com pão.

Cotechino in galera[19]

Trata-se de um *cotechino* envolvido por uma fatia de presunto cru, que por sua vez é envolvido por uma fina fatia de carne bovina e cozido a fogo brando numa mistura de caldo de carne e vinho Lambrusco. Para isso, é preciso começar o processo cozinhando o *cotechino* em água abundante, o suficiente para que a pele se solte. Enrole o recheio na fatia de presunto e na fatia da carne bovina, enquanto refoga uma cebola finamente cortada. Amarre com fio branco, para que não se abra, doure levemente por todos os lados e passe a regar com o caldo de carne e o vinho. Cozinhe por uma hora, em fogo baixo e com a panela tampada, cuidando para não deixar secar. Ao servir, retire o fio, corte em fatias e regue com o molho que se formou.[20]

Evidentemente, o *cotechino* se presta a muitas outras receitas mais simples, como a de *cotechino* com lentilha: ambos são cozidos juntos na panela. Talvez

---

19 *Ibidem.*

20 Dona Benta receita um "Chucrute com *cotechino* ou paio", que acompanha as receitas dos outros chucrutes já citados, usando, no entanto, no lugar das salsichas, esses dois embutidos ainda "frescos". Dona Benta, *Comer bem. 1001 receitas de bons pratos*, cit., p. 75.

pela simplicidade e pela facilidade, tornou-se símbolo de prato auspicioso para passagem de ano. Há outra receita de *cotechino*, com purê de batatas, que é tão "diferente" quanto à do *cotechino in galera*:

Cotechino com purê de batatas

Aqui, o *cotechino* leva manteiga, queijo parmesão, endívia e azeite balsâmico de Modena, além de peras. Deixe o embutido dois minutos na água fervendo, para que o choque térmico retire o excesso de gordura. Corte e doure as faces de cada fatia. Condimente o purê de batatas com sal, pimenta, noz-moscada, manteiga e queijo parmesão. Esquente o azeite para refogar rapidamente a endívia e a chicória, cortadas em tirinhas, acondicionando os cilindros de *cotechino* sobre o purê e, sobre tudo, as tirinhas, incluindo as peras, cortadas finamente. Finalize com uma gota de azeite balsâmico.

O verdadeiro *Tortellino di Bologna*[21]

A região da Emilia Romagna, cuja capital é Bolonha, apresenta uma variedade infinita de massas recheadas, entre elas o *tortellini*, mais leve que os *capeletti*, mais consistente que os *raviolini*.

Ingredientes (para aproximadamente 1000 tortellini)

300 g de lombo de suíno

300 g de presunto cru

300 g de mortadela

450 g de queijo parmesão Parmigiano Reggiano (curado por ao menos 3 anos. Se for mais jovem, aumente a dose)

21　Receita de Pasquini Ebrusiani, disponível em http://www.pasquiniebrusiani.com/ricette.html#tortellini.

3 ovos

sal

pimenta e noz-moscada

Modo de fazer o recheio

Deixe o lombo descansando por dois dias, temperado com sal, pimenta, alecrim e alho. Leve ao fogo muito baixo, com um pouco de manteiga. Tire do fogo, limpe o excesso de tempero e moa manualmente o lombo junto com o presunto e a mortadela, para depois misturar o todo com o parmesão e os ovos. Feita a mistura, perfume com noz-moscada ralada. Deixe a mistura descansando por ao menos 24 horas, para, depois disso, rechear o *tortellini*. Abra a massa, recheie e cozinhe no caldo de carne.

Pasta alla carbonara, pancetta

Mas a cozinha italiana não se restringe a Bolonha. A receita a seguir é surpreendentemente simples de fazer, além de ousada, visto o tempero cru aguardar o calor da massa, derramada sobre si, para cozinhar o ovo e derreter o queijo. É um prato muito comum em toda Itália, de origem romana, não se sabe bem se inventada pelos trabalhadores de madeira para carvão (*carbone*) em torno da capital ou referência aos Carbonários – políticos que tramavam pela República italiana no século XIX.

Esse é um molho cujo acabamento conta com a ajuda da gordura borbulhante da *pancetta* – para cozer o ovo e dar ao queijo seus fios característicos –, que deve ser acrescentada à tigela de serviço, dando um arremate na mistura.

Além da massa – o *spaghetti* de grão duro –, o molho carbonara é feito de uma mistura de ovo cru temperado com sal e pimenta, queijo pecorino romano curado e parmesão. A *pancetta* entra com a gordura e a parte magra é reduzida à farinha, polvilhada sobre o prato.

Apesar de muito simples, o prato tem uma pequena complicação no serviço – rende melhor quando é preparado a quatro mãos, pois, enquanto uma pessoa despeja a massa na travessa, outra despeja a gordura fumegante. Ambos, gordura e massa, são responsáveis pelo cozimento imediato do ovo.

Flor de abobrinha recheada (*Caponet dal Piemonte*)[22]

Já do norte da Itália, fazendo fronteira com França e Suíça, nos limites entre a tradição culinária mediterrânea e a cozinha da montanha, vem essa receita do Piemonte (literalmente "pé do monte", isso é, Alpes):

Ingredientes
100 g de carne cozida
33 g de salame
1 ovo
1 colher de chá de parmesão ralado

Modo de preparo
O recheio é feito de carne cozida e salame suíno na proporção de 3 para 1, temperado com salsinha, manjericão, erva-de-são-pedro[23] e alho moído. Use ovos inteiros para dar liga. Adicione queijo parmesão ralado e misture bem até que fique uniforme. Recheie as flores de abobrinha, frite em azeite e sirva bem quente. Considere 5 ou 6 flores para cada pessoa.

---

22   Receita do livro, de vários autores, *La grande cucina piemontese* (Savigliano: L'Artistica, 2005).
23   Erva-de-são-pedro: *Hyptis melepoefolia.*

Cuscuz

Cuscuz magrebino

Indo para o sul do Mediterrâneo, a sêmola é velha conhecida dos povos do Magreb, antes mesmo da conquista árabe. Foram os muçulmanos, contudo, que criaram essa espécie de cozido de legumes, chamado *cuscous*, a qual serve de acompanhamento. O nome que os árabes dão à sêmola é *keskes*, termo originado no árabe *koskossou*, que significa "farinha".

Com origem no século VII, hoje o cuscuz significa as duas coisas, tanto a sêmola quanto o prato completo, apesar de a sêmola ganhar direito ao termo apenas depois de cozida no vapor. Até hoje, no Magreb, há quem prepare o cuscuz à moda antiga, com doses precisas de dois tipos de moagem de sêmola e uma quantidade específica de água, resultando na farinha típica desse cuscuz. Carlos Alberto Dória postou em seu *blog*:

> A nossa lida histórica com o cuscuz é bastante curiosa. Ele nos chegou como prato, vindo do Magreb (Argélia, Tunísia e Marrocos), trazido por mercadores portugueses e, ao que tudo indica, penetrou a colônia a partir da Capitania de São Vicente. O Magreb era, na Antiguidade, a "cesta do pão de Roma". O trigo de grão duro, típico da região, disseminou-se especialmente por obra dos judeus expulsos da Península Ibérica pelos reis católicos em 1492. Chegou até a Sicília, tornando-se base das massas secas, por oposição ao trigo macio, nativo da Europa. Françoise Sabban escreveu uma magnífica história desse percurso (*Pasta: the history of a universal food*, Columbia University Press, 2002).
>
> A sêmola de trigo de grão duro foi o carboidrato por excelência da culinária turco--otomana, cujo pão era o *warka*, uma panqueca de semolina. As especiarias da Ásia foram incorporadas à dieta básica por influência árabe, ao tempo da dinastia Muslim. O

> cuscuz não é um "prato típico" do Marrocos, mas a essência de vários pratos, espalhado por todo o Magreb, tendo por base a vertente culinária judaica.
>
> A leitura chauvinista do cuscuz faz com que cada um dos três países do Magreb o reivindique como "prato nacional", quando, só na Argélia, registram-se mais de 3 mil variações suas, sendo que cada família se diz detentora do "melhor cuscuz". O comum é a umidificação da sêmola e sua cocção ao vapor. O resto varia amplamente. O cuscuz marroquino ou argelino foi estilizado por restaurantes parisienses voltados para o público de imigrantes (legumes, carneiro, *harissa*...). De lá, foi trazido para o Brasil quando da segunda "abertura dos portos às nações amigas" (*sic*) promovida pelo governo Collor. Assim como chegou o riso arbóreo, chegou a sêmola de grano duro. Esse cuscuz neo-adventício se contrapôs de maneira vigorosa àquele já adaptado desde os tempos coloniais. Gastronomicamente não sei qual o melhor carboidrato: se a farinha de milho, com suas "notas doces e amargas" ou a sêmola de grão duro. O fato é que o cuscuz marroquino que se faz por aqui tem o sentido, ainda que inconsciente, de uma "volta à África" de natureza mitológica. Um caso raro de regressão, comandada pelos cozinheiros incapazes de confrontar as soluções distintas representadas pelo milho e pelo grano duro. Esse confronto é especialmente difícil em São Paulo, onde o velho cuscuz deixou de ser acompanhamento, derrotado pelo arroz, e, ao passar para a panela, perdeu a qualidade da cocção ao vapor. Ao dar esse salto, mudou também seu lugar na refeição. Tornou-se "entrada", não mais "prato de resistência". Assim, a sêmola de grão duro e a farinha de milho ficaram culinariamente muito distantes.[24]

O cuscuz foi adotado na Europa com o sobrenome "argelino" não exatamente pelas razões apontadas por Dória, mas porque a sua "porta de entrada" foi a França, que manteve, desde os tempos coloniais, relações estreitas de dominação – mas também de influência – com a Argélia, sua colônia mais resistente.

---

24 http://ebocalivre.blogspot.com/2009/04/volta-africa-pelo-cuscuz.html.

O cuscuz é procurado por pessoas que buscam uma refeição balanceada – com grãos, verduras cozidas e carne de pouca gordura –, mas que não abrem mão de um tempero em que as especiarias exóticas se misturam, num perfume inconfundível. Uma das "três mil" maneiras de completar o prato é aquela que leva *merguez* no lugar da bisteca de cordeiro, ou mesmo da coxa e sobrecoxa de frango, igualmente populares em Paris e Marselha.

Cuscuz argelino com *merguez*

Aqui o *couscous* é feito com *merguez* – embutido de carne de carneiro misturada, às vezes, com carne magra bovina, extremamente delicada. As verduras cozidas são habitualmente abobrinha, cenoura, pimentões vermelhos, nabo e berinjela, polpa de tomate e grão-de-bico (amolecido na véspera). A farinha de sêmola é vendida semipronta, em pacotes de 500 g ou mais, e seu preparo é feito em cerca de 5 minutos. A *merguez* é simplesmente frita ou assada e vai à mesa para finalizar o prato.

O toque final é condimentar o cuscuz com a *harissa*, uma pasta de pimenta usada em todo Magreb.

A versão judaica

Os judeus sefardis (orientais e descendentes dos expulsos da Península Ibérica) têm o *couscous* como prato de cerimônia para as festas do *Rosh Hoshaná* (Ano-Novo).

Sefardi ou asquenaze, o judeu seguidor dos preceitos ortodoxos, não pode acender o fogo pelas 24 horas que vão do pôr do sol de sexta-feira ao próximo anoitecer. Para comer bem, eles preparam sua comida na véspera, num fogo que se mantém por todo esse tempo. Esse preparo nomeia os pratos *tchoulend* ou *cho-*

lent, e, segundo Madame Halpern,[25] existem algo como trezentas receitas *cholent*, o que não deixa de ser pertinente, bastando imaginar os inúmeros preparos de produtos que seguem preceitos *kasher* e a variedade de carnes em lento cozimento que se pode produzir com eles. Portanto, com costela, paleta ou outra carne gorda, alho, cebola, ossos de tutano, batatas, fava e cevadinha faz-se um *pot-au--feu* de primeira grandeza, em matéria de gosto e substância. Para variar, há vários acompanhamentos para o *cholent*. O *kishke* é um dos mais apreciados.

Cholent com *kiskhe*[26]

Kiskhe significa intestino e, também, a salsicha que se prepara com parte dele, 30 a 50 cm (muito bem lavados) é o que basta.

Recheio

1 cebola grande, picada bem miúda

¼ de xícara de banha de galinha

2 colheres de sopa de miolo de pão cortado em quadrados

¾ de xícara de farinha de trigo

sal

pimenta-do-reino recém-moída

Modo de preparo

Depois de lavar o intestino, costurar no comprimento e numa extremidade; fritar a cebola, sem parar de mexer, na banha de galinha; acrescentar os pedaços de miolo de pão, farinha, sal e pimenta a gosto. Rechear o intestino com a mistura, que se assemelha a uma farofa

---

25 Em Édouard De Pomiane, *Cuisine juive, ghettos modernes*, cit., *apud* Marcia Algranti, *A Cozinha Judaica, 5000 anos de histórias e gastronomia* (Rio de Janeiro: Record, 2002), p. 81. Sobre cozinha judaica há, também, o excelente livro de Claudia Roden, *The Book of Jewish Food: an Odyssey from Samarkand to New York* (Nova York: Knopf, 2003), com mais de oitocentas receitas asquenazes e sefaradis.

26 *Ibidem*.

bem molhada, e costurar bem as extremidades. Mergulhar os *kishke* em água salgada, para ferver por 10 minutos. Escorrer, secar e, depois, levar para assar, em um pouco de água salgada, por cerca de uma hora a 180 °C ou até começar a dourar. Servir fatiado sobre o *cholent*.

Humor inglês

Já no Atlântico e do outro lado do Canal, não há como negar, os ingleses passaram o século XX enterrados na fama de péssimos cozinheiros. Mas, entre a fama e a realidade, há grande distância. Trata-se de uma culinária que quase sempre rejeitou o cuidado detalhista da cozinha de arquitetura ítalo-francesa ou franco-italiana que dominou o mundo gastronômico desde o século XVI.

Os ingleses foram por demais influenciados por suas conquistas de além-mar no que se refere à comida, visto que não havia cultura culinária local organizada para confrontar-se com as variedades provenientes da Índia, China, Europa e África, e que dominaram a cozinha inglesa a partir da Era vitoriana. Seus cozidos ralos de carneiro fizeram os europeus continentais torcerem o nariz, suas frituras mal-feitas, sempre respingando óleo, seus desjejuns extremamente calóricos e rústicos foram sendo condimentados com *relish*, *chutney* e especiarias que fizeram daquela cozinha algo muito mais requintado do que parecia à primeira vista. Como criticar a culinária de um povo que tão bem soube trabalhar os pães (*shortbread* e *scones*) e as tortas assadas (doces e salgadas), a cerveja milenar, os destilados de altíssimo nível, os embutidos de qualidade invejável e tantas outras iguarias como o reconhecido rosbife (*roastbeef*) e o *cornish beef*? E o que dizer do sofisticado Bolo de Natal (*Christmas pudding*), que exige vários dias de preparo, reconhecido como um dos melhores que existem, até pelos mais exigentes *chefs* da cozinha internacional?

Seus hábitos culinários foram apressadamente transformados em hábitos urbanos a partir da industrialização (precoce em ao menos dois séculos, quando comparada à dos países absolutistas continentais) e isso talvez tenha provocado um transporte sem escalas da mentalidade rural à urbana. Sem comparar com outras nações, a culinária inglesa demorou para conquistar seu espaço no mundo, isolada que esteve em seu próprio mundo colonial.

A Grã-Bretanha, presente em todos os continentes, trouxe à baila os melhores pratos do mundo e fez da Ilha o primeiro grande mercado mundial, onde se encontrava de tudo. Com isso, soube aproveitar para criar alguns de seus melhores pratos, temperos e molhos, como o *curry*, o *chutney* e o *ketchup* indianos.

Seguro de si, o inglês nunca perdeu o humor quando falavam mal de sua comida. Por conta disso – e até para deixar os estrangeiros constrangidos –, nomeou a receita que segue:

Sapo no buraco com molho de cebola assada (*Toad in the hole with roasted-onion gravy*)

Apesar do nome chocante, não passa de uma espécie de torta, feita de farinha de trigo, ovos, leite, sal e pimenta, bem leve e crocante, em que linguiças ficam com a "cabeça de fora", como sapos num buraco. Primeiro, douram-se as linguiças – de lombo de porco (inteiras ou grosseiramente desmanchadas) – em forno preaquecido, mergulhadas em bastante óleo. Em seguida, coloca-se a massa (líquida) e o conjunto volta ao forno, até a massa crescer, dourar-se e "emburacar" as linguiças. O molho de cebola, encorpado e delicioso, mas com a aparência "barrenta" de um charco – devido às cebolas bem assadas e aos temperos –, pela sua tonalidade marrom, é feito em fundo de carne, com cebolas picadas bem finas, temperadas com açúcar de confeiteiro, mostarda, molho inglês, farinha, sal e pimenta.

Salsicha de queijos Lancashire e mussarela com molho de cerveja e mistura de mostarda

Esse mesmo humor parece ser igualmente responsável pela criação de um engenhoso embutido de queijo.

Faz-se essa imitação de salsicha com queijo Lancashire, queijo inglês feito de leite de vaca, curtido por seis meses, especialidade da região rural de Lancashire, onde está a cidade de Manchester, ótimo para derreter, pois não faz fios. Mistura-se o Lancashire ralado com mussarela seca ralada, farinha de rosca, cebola e temperos, como tomilho, manjericão, salsinha e alho. Várias gemas de ovo dão a liga. Depois, dá-se a forma de salsicha ao bolinho, que é frito em óleo quente.

Para o molho, faz-se um refogado com alho e cebola. Em seguida, molhe o refogado com cerveja tipo Ale e use farinha de trigo para adensar o todo. Complete o prato preparando ainda um *roux* farinha e manteiga, temperado com mostarda inglesa em pó.

Na esteira das naus colombinas

Na cozinha sul-americana de origem europeia, além dos grelhados da *parrillada*, há outra "instituição", em que se muda o tipo de cozimento e o tempo que dura a refeição, mas ficam as carnes, os legumes e os embutidos.

Verdadeira instituição espanhola, o *puchero* ganhou versões no Novo Mundo. Na região camponesa de origem, a Andaluzia, tem receitas tão variadas que se pode dizer que o *puchero* é, mais que um prato, um modo de fazer e consumir um cozido, um ritual alimentar para um congraçamento que dura vários dias.

Parrillada

A *parrillada* do modo que a conhecemos hoje nasceu nos pampas platinos, feita de carne e vísceras de boi e embutidos de porco, acompanhados de pimentões vermelhos, cebola e batata, todos assados na *parrilla*, uma grelha de ferro fundido, cuja arquitetura e fixação permitem o escoamento dos líquidos das carnes, deixando-as macias e, ao mesmo tempo, menos gordurosas, sem perder o sabor.

Mas é evidente a presença da influência espanhola na técnica de embutir, no uso dos temperos dos recheios dos embutidos como *chorizo* e *morcilla*, e nos preparo das vísceras, *riñones* (rins), *mollejas* (timo, *ris de veau*) e *chinchulines* (tripas do intestino fino).

Puchero

Pode ser feito com arroz, macarrão ou grão-de-bico, e pode ter carne de novilho, galinha e toucinho, osso de vaca, costelas de porco, osso de pernil e verduras, como cenouras, couve, aipo, acelga e abóbora, entre outras.

Seu consumo se dá durante vários dias. O caldo (chamado *caldito de puchero*) que sobra da grande refeição do primeiro dia é temperado com hortelã e servido como sopa rala. As carnes e embutidos fervidos no cozido são consumidos como prato derivado no terceiro dia. As últimas sobras viram bolinhos de fritar.

A maior diferença que se nota entre o *puchero* original e aquele que se tornou prato nacional platino é a proporção entre as carnes e as verduras, já que, na Argentina, a abundância permite maior presença de carne do que na Espanha.

Matilde, a catalã escolhida para depor no livro realizado por Marina Heck e Rosa Belluzzo,[27] nos conta sua receita:

---

27 Marina Heck & Rosa Belluzzo, *Cozinha dos imigrantes: memórias & receitas* (São Paulo: DBA/Melhoramentos, 1998).

Puchero de Matilde

Matilde não inicia pelo ritual original que descreve os ingredientes. Vai direto para uma receita muito rica nas carnes, que leva no mínimo 5 kg de proteína animal, entre toucinho, chouriço, presunto e linguiça defumada, em quantidades iguais, e também carne de porco salgada variada (pertences para feijoada), músculo e frango. Completa os ingredientes com grão-de-bico, repolho, cenouras, batatas, cebolas, salsa picada, açafrão, *pimentón dulce* (tipo páprica, *jalapeño*) e *pimentón picante* (tipo *chili*).[28]

Locro de *Tucumán*

Ainda há um prato regional na culinária sul-americana, aparentado com o *puchero*, cuja criação é disputada pelo norte da Argentina e pelo Paraguai – mas que se encontra em vários países americanos de grande influência indígena –, pois a receita é anterior à divisão da região em países autônomos.

Com um nome de origem quíchua, povo que habitava a região antes da chegada dos espanhóis, o *locro* ("sopa, cozido") é uma "miscigenação" da culinária indígena com o *puchero* espanhol, trazendo o milho, alimento tipicamente americano, no lugar do grão-de-bico, do arroz ou do macarrão. De resto, é muito similar. Leva batata (também americana), carne e ossos da coluna vertebral de vaca, linguiça de porco, tripas, pés e outros pertences. Depois de longo cozimento, costuma-se juntar pedaços de abóbora, pimentão, pimenta seca moída e torresmo frito.

---

28   *Ibid.*, p. 130.

Os limites

Por justiça aos pontos cardeais do conhecimento gastronômico do autor, foram privilegiados os pratos da cozinha italiana. E, em consequência desse conhecimento dirigido, receitas de outras culturas foram involuntariamente relegadas a um segundo plano.

Outro aspecto que moveu a escolha das receitas foram as alternativas que se apresentaram ao longo do trabalho, a saber, embutidos crus frescos, crus curtidos e embutidos cozidos. A partir daqui, além de um ou outro destaque evidente, como o do hambúrguer – uma criação alemã nos Estados Unidos, que supera qualquer nacionalidade, pois ganhou *status* de patrimônio da humanidade –, incluem-se pela tradição gastronômica, alguns pratos franceses. É pertinente supor que países além dos que foram citados – como Armênia, Áustria, Bélgica, Bulgária, Dinamarca, Eslovênia, Grécia, Holanda, Noruega, Portugal, Suécia, Suíça, Turquia e a ex-União Soviética – tenham muito a contribuir, para não dizer os países da Ásia, cuja cultura gastronômica é extremamente criativa e variada, destacando-se em nosso meio a japonesa, a chinesa e a indiana, sem, no entanto, esquecer tantas outras que mal tocamos, por desconhecimento ou dificuldades de acesso a informações confiáveis.

Choucrute garni

Como primeiro destaque dessa série de receitas francesas, a mais óbvia e famosa é a alsaciana *choucrute garni* e suas variações.

Quem aprecia embutidos sabe: o repolho azedo ou chucrute – *Sauerkraut* para os alemães e *choucroute* para os franceses – é uma excelente associação.

O *choucrute* alsaciano reúne o melhor dos embutidos franceses e alemães. E, como todo grande prato, atrai ferrenhos defensores e ferozes inimigos.

Recebeu a distinção de fazer parte da coleção de receitas apresentadas no livro oficial da Academia de Gastronomia e da Academia Culinária da França.[29] Sua receita e dados historiográficos ocupam três páginas,[30] começando com uma brincadeira com o nome *choucrute*, que recontamos à nossa maneira.

Assim como sucedeu com a imperatriz da Rússia, a Grande Catarina, que não era russa e nem se chamava Catarina, o mesmo ocorreu com o chucrute. Em sua origem, nem *chou* era "repolho", nem *crute* era "crosta". O nome é, de fato, o afrancesamento da palavra alsaciana *surkrut*, em que *sur*, que deu *chou*, significa "azedo, acre", e o *krut*, que deu *croute*, significa "repolho". Um legítimo "trocadilho".

O livro também conta que certo doutor Édouard De Pomiane define o chucrute como uma sequência de operações biológicas complexas, que resulta numa fermentação láctica. Essa deixa o repolho branco alsaciano – quando cortado em tiras finas e posto num barril, acrescido de sal e zimbro, durante três semanas – com um sabor ácido e um perfume específico, que, juntos, lhe dão todo o seu encanto. O ácido lático, desenvolvido no barril pelos micro-organismos, transforma o repolho, normalmente indigesto, num alimento de primeira grandeza, parcialmente digerido pela fermentação e, por conta disso, muito digestível.[31]

Ao contrário do que se diz, não é preciso estômago forte para ele, quando apenas o repolho fermentado é digerido. Torna-se indigesto com determinados preparos, como o do mais famoso, o chucrute de Estrasburgo, que é feito com

---

29 Académie des Gastronomes & Académie Culinaire de France, *Cuisine Française. Recettes classiques de plats e mets traditionnels* (Paris: Brodard & Taupin, 1974). Em formato de bolso.

30 *Ibid.*, pp. 304-307.

31 *Apud* Maria de Lourdes Modesto, "'Chucroute' moderniza as morcelas de Guarda" (25-11-2005), *Diário de Notícias*, edição eletrônica, disponível em http://dn.sapo.pt/Inicio/interior.aspx?content_id=630133. A informação, e isso a autora do artigo não diz, foi retirada de Édouard De Pomiane, *Cuisine juive, ghettos modernes* (Paris: Albin Michel, 1927).

toucinho e gordura de ganso, além de ser servido com um acompanhamento opulento, repleto de carnes e gordura.

Historicamente, desde tempos imemoriais, o prato "abre" o inverno na Alsácia, sugerindo que é tão antigo quanto o próprio homem alsaciano, ambos perdidos na noite do tempo... Se há necessidade de datar, basta notar que o *Kreutterbuch*, de Jeronimus Bosch, reeditado em 1577, faz referências ao prato, sugerindo que, desde sempre, ele era utilizado na alimentação.

A receita de chucrute do livro das academias francesas é suntuosa, apesar não diferir muito da maioria das que se encontram nos manuais de culinária.

> ### Receita da Academia Francesa de Gastronomia e da Academia Culinária da França
>
> 3 kg de chucrute cru; 200 g de cenoura; 200 g de cebola; 5 alhos; 1 buquê garni; 4 cravos; 50 g de canela; 200 g de gordura de ganso; 500 g de gordura de peito de porco defumada; 900 g de paleta de porco defumada; 8 salsichas de Frankfurt; 8 fatias de presunto cozido, 50 mℓ de vinho branco; 2,5 mℓ de caldo claro; 5 g de pimenta em grão; de 40 a 50 g de sal, exceto se o caldo usado já estiver salgado.[32]

Várias fontes mencionam champanha e cerveja no preparo do chucrute, mas o usual mesmo é o cozimento em vinho branco. Seus temperos básicos são pimenta, alho, cebola, cravo, canela e zimbro, os acompanhamentos obrigatórios são *Kassler*, *bacon*, toucinho fresco, salsicha branca e salsichas de Estrasburgo. Mas é comum aparecer *Leberkäse*, chouriço de sangue, joelho de porco e, ainda, louro como tempero.

---

32   As receitas do livro das academias francesas são sempre para oito pessoas.

São muito populares, nas autoestradas da França, livros com conjuntos de receitas rápidas, reunidas por região, publicadas em francês, alemão e inglês. É de um deles a que vem a seguir:

O chucrute "de estrada"

O repolho cru deve ser lavado com água fria e escoado ao máximo para tirar a água. Depois, ir à panela acompanhado de cebolas refogadas, cravo, alho, canela, gordura de porco, sal e pimenta, água e um copo de vinho branco, sem especificar de qual uva o vinho se origina. Após uma hora de cozimento, deve-se acrescentar toucinho defumado e costeletas de porco e, no fogo brando, deixar cozinhando por duas horas. Disposto no centro de numa travessa grande, com a carne e o toucinho defumado por cima, adiciona-se a salsicha de Estrasburgo, o *Kassler* e o presunto cozido. O prato deve ser rodeado de batatas apenas cozidas, cortadas em pedaços grandes.[33]

Chucrutes à moda de Dona Benta

No livro de Dona Benta,[34] há receitas de chucrute. A primeira delas é "Chucrute à moda de Berlim",[35] e a seguinte, "Chucrute à moda de Viena".[36]

No "à moda de Berlim", lê-se o conselho de deixar o repolho de molho em água fria noite afora, para, no dia seguinte, depois de escorrê-lo, dispor numa caçarola algumas fatias de toucinho inglês defumado, 5 ou 6 (número de pessoas a que serve) salsichas cortadas ao meio (certamente, para prevenir que não arre-

---

33   *Recettes D'Alsace* (Aix-em-Provence: Compas, 2006).

34   Dona Benta, *Comer bem. 1001 receitas de bons pratos* (49ª ed. São Paulo: Nacional, 1963).

35   *Ibid.*, p. 74.

36   *Ibid.*, p. 75.

bentem), algumas fatias de grossas de chouriço (de sangue, morcela) doce ou salgado, um pouco de banha ou gordura, cebola cortada em rodelas, o próprio chucrute – que aqui parece ser sinônimo de repolho – e, ainda, pimenta (do-reino). Regar com caldo ou água e ½ copo de vinho branco seco, e deixar cozinhando em fogo brando por duas horas, com a caçarola bem tampada.

Já no caso do preparo austríaco, a receita manda que se arrume numa caçarola, em camadas sobrepostas, "tiras fininhas" de toucinho defumado e uma porção de chucrute. Sobre este, manda espalhar pimenta-do-reino, rodelas de cebola crua, uma colher de gordura, algumas salsichas abertas pelo meio e fatias de presunto cru. Sobre este, acrescentar mais uma camada de repolho com pimenta-do-reino, cebola e todos os ingredientes usados na explicação anterior; e assim sucessivamente, até acabar o chucrute. Regar com caldo de carne, ou água, e vinho branco seco (½ copo), levando a cozinhar em fogo brando por duas horas em uma caçarola com tampa. Dona Benta nos ensina que, para 5 ou 6 pessoas, 1 kg de repolho deve bastar.

Chouriço grelhado com maçãs (*Boudin Grillé aux pommes*)

Entre as receitas pesquisadas, esta foi a escolhida para representar esse prato simples e tradicional.

Ingredientes

2 maçãs

30 mg de manteiga

4 gomos de 150 g de chouriço de sangue

sal

canela em pó

óleo vegetal

Modo de preparo

Tire a pele e os caroços das maçãs e corte-as em pedaços grossos. Leve ao fogo brando a manteiga e faça dourar os pedaços de maçã. Polvilhe de sal e canela e reserve.

Corte o chouriço em fatias grossas e pincele óleo vegetal. Aqueça uma frigideira, unte com óleo e refogue os pedaços de chouriço até que grelhem na superfície. Com fogo mais baixo, deixe cozinhando por 7 minutos, junte os pedaços de maçã e sirva bem quente. Como sempre ocorre em receitas como esta, são muitas as pequenas variações que se consolidaram através dos tempos.

Variante Harry Pisek

Esta variante é um dos campeões do restaurante Harry Pisek de Campos do Jordão e de São Paulo. É feito com um pote de chucrute, outro de salada de batata temperada com cebola, salsinha e cebolinha, sendo o todo temperado com azeite, vinagre, sal e pimenta-do-reino, acompanhando um misto de pinguim, bolo de carne, linguiça temperada com *champignon* e alcaparras, salsicha tradicional, salsicha recheada com queijo Emental e, finalmente, a salsicha branca com ervas.

Uma opção bastante interessante é proceder todo o processo contando com o forno como fonte de calor. Desse modo, asse as maçãs inteiras untando-as com manteiga e usando um pouco de vinho branco seco no fundo da assadeira, o suficiente para perfumar. Fure levemente cada gomo do chouriço e deixe 5 minutos de cada lado na mesma assadeira das maçãs, misturando perfumes e fluidos. Aqui, também, sirva bem quente.

Salsichão cozido com salada de batatas (*Saucisson chaud et pommes à l'huile*)[37]

O salsichão é um dos pratos mais típicos da comida de bistrô de Lyon, ideal para acompanhar uma taça de vinho da região, branco ou tinto.

Ingredientes para 4 porções – 4 chalotas (que podem ser substituídas por
4 cebolinhas brancas)
1 salsichão com $1/3$ de quilo
750 g de batatinhas de casca fina, escovadas e lavadas
50 mℓ de vinagre de vinho xerez (de boa qualidade)
sal
pimenta-do-reino moída na hora
salsinha fresca
½ xícara de azeite de oliva.

Modo de preparo
O processo se inicia marinando as chalotas (cebolinhas) no azeite, para que percam qualquer amargo. Numa panela, cobre-se o salsichão com água fria e, com o fogo baixo, cozinha-se por 40 minutos, sem deixar a pele do salsichão estourar. A partir daí, o embutido fica na água, mas com o fogo apagado. Ao mesmo tempo, as batatas estarão cozinhando com água e sal até ficarem macias.

Acrescenta-se vinagre, sal e pimenta à mistura das chalotas no azeite, mexendo bem. Quando a temperatura das batatas (já escorridas) tiver caído o suficiente para manipulá-las sem se queimar, cortá-las em fatias finas, acrescentar o molho e polvilhar com a salsinha finamente picada.

---

37 Patricia Wells, *Cozinha de Bistrô*, trad. Sônia Maria & Naumin Aizen (Rio de Janeiro: Ediouro, 1993), p. 21.

Patricia Wells, fonte desta literatura, finaliza escorrendo o salsichão, cortando-o em rodelas finas e iguais e dispondo as fatias ao redor das batatas.

Andouillettes à la beaujolaise

Para muitos franceses, nenhum embutido se compara às *andouillettes* sendo responsáveis por calorosos debates entre seus adoradores e detratores. Lyon, terra cercada de embutidos e vinhos por todos os lados, nos traz uma receita simples. Atenção: o *beaujolais* não é o *nouveau*, aquele cercado por um *marketing* intenso, muito mais elaborado do que o próprio vinho que é seu objeto. Trata-se do *beaujolais* servido nos inúmeros bistrôs da cidade, vinhos de qualidade e corpo médios, podendo esse prato até ser harmonizado com um grande vinho *beaujolais* como, entre tantos outros, o Village Saint Amour, o Fleury ou o Moulin à Vent.

Ingredientes para 4 pessoas

4 *andouillettes*

2 taças de *beaujolais*

2 copos d'água

2 colheres de sopa de farinha

40 g de manteiga

4 chalotas

sal e pimenta.

Modo de preparo

Refogue na manteiga as chalotas bem cortadas e junte a farinha para engrossar. Depois disso, despeje o vinho e água, temperando no fim. Faça liga do todo em fogo brando, mexendo constantemente por aproximadamente 10 minutos. A partir daí, inclua as *andouillettes* no molho e deixe que cozinhem por mais 20 minutos.

O acompanhamento ideal é batata cozida.

Cassole[38] *de canard confit et sa saucisse à l'orange du Lac Brome* (Cassarola de *confit* de pato e seu embutido na laranja, à moda do Lago Brome)

Há uma receita originária do sudoeste da França cuja importância internacional, no entanto, foi granjeada a partir de sua versão canadense. Lac Brome, que se tornou marca registrada no norte do continente americano, produz e distribui uma série de embutidos feitos de carne de pato, pura ou misturada com carne de porco.

A receita foi simplificada e adaptada. Os ingredientes são as coxas de pato em *confit*, salsichas mistas, ervilhas frescas, óleo de oliva, uma cebola, fatias de *bacon*, tomate, alho, açafrão, 1,5 ℓ de caldo de galinha, ameixa seca, farinha de rosca, sal e pimenta, além do suco de laranja para a redução.

Comece o preparo refogando o *bacon* no azeite e continue refogando com os tomates, a vagem, o alho e o açafrão. Paralelamente, despeje o suco de 4 laranjas-pera numa frigideira e, em grande ebulição, deixe que se reduza a ¼ do líquido. Corte os embutidos em dois, para que cozinhem nessa redução sem estourar, até que o líquido desapareça e inicie um processo de fritura. Despeje um litro do caldo de galinha, para juntar as ameixas, as coxas e os embutidos devidamente impregnados pelo molho de laranja.[39]

---

38 *Cassole ou Cassolot* é o nome que se dá, no sudoeste da França, à vasilha típica para fazer este prato, que ganhou reputação por ser usada também para servir o *cassoulet* da região.

39 Disponível em: http://www.canardsdulacbrome.com/Recettes/CassoleConfitSaucisse.html.

A simplicidade

Em cada país da Europa ou da América onde exista ovo e linguiça seca ou algum tipo de embutido, há um prato em que eles "se casam", seja a omelete, a tortilha ou qualquer outro nome com que sejam conhecidos. Entre eles:

- A *tortilla* de batatas espanhola (que tem versões com salame), feita fundamentalmente com batatas cortadas em fatias muito finas sobre tiras de cebolas douradas na gordura do toucinho, cobertos de ovo batido e cozidos a fogo muito baixo, para que a batata cozinhe a tempo. Como uma omelete, a *tortilla* é virada para tostar a face de baixo com o auxílio de um prato.

- *Crocché* napolitano, um bolinho típico da campana feito de purê de batatas, recheado com *fior de latte* e levíssimas fatias de salame. Cozinha-se a batata sem casca e amassa-se em purê, quando ela ainda está quente. Faz-se então uma divisão em pequenas partes, que serão recheadas com um pouco do queijo e o salame, para serem fritos em bolinho.

- Ovo frito de gema mole e temperado com um pouco de mostarda *kielbasa*. Os embutidos poloneses são populares em Nova York, seja entre os polacos cristãos, seja entre a comunidade judaica da Europa do Leste, que eventualmente prefere seus ovos com a versão *kasher* desses embutidos.

- Os alemães são lembrados por seus *Hoppelpoppel*, tão típicos de Berlim, à base de ovos fritos, presunto cozido e batatas fritas, misturados e formatados como uma torta, que se come fria ou quente, acompanhando salada.

> ### *Omelette provençale au saucisson d'Arles*
> ### (Omelete provençal com linguiça seca de Arles)
>
> Aqueça bem uma frigideira e leve para fritar o salame em fatias, apenas o suficiente para que ele solte sua gordura. Reserve o salame e aproveite a gordura para refogar uma cebola cortada em fatias finas. Complete com fatias de pimentões (sem pele), tomate e cogumelos de Paris. Quando todos os legumes estiverem cozidos, reponha as fatias de salame, despeje ovos batidos, misturados com queijo e temperados com pimenta e sal (lembre-se de que o salame e o queijo já são temperados com sal) e misturados com *gruyère* ralado. A omelete pode terminar na frigideira mesmo, a fogo bem baixo, ou pode ir ao forno para ganhar forma e terminar a preparação.

Neste livro também não poderia faltar um sanduíche típico de nossos tempos – símbolo do *fast food*, não por acaso inventado e difundido como um traço cultural norte-americano –, o hambúrguer. Em nosso caso, feito de carne de porco moída e envolta em duas partes de pão mole, que se faz a partir do recheio de uma linguiça calabresa, formatada em modelo de hambúrguer.

Não é consensual que a origem do hambúrguer seja o *steack tartare* (como pretendem alguns autores mais apressados), uma carne moída de cavalo temperada para ser comida crua. A variação suína, o hambúrguer de calabresa, não tem origem clara. Talvez tenha surgido de uma receita russa, *bitok*, que fez sucesso na Paris dos anos 1920.[40] Mas é quase possível afirmar que o parente mais distante na história tenha sido criado nos Estados Unidos, seja por Charles Nagreen, em 1885, no estado de Wiscosin, ou pela família que possuía o estabelecimento Louis' Lunch, em Connecticut, em 1895.[41]

---

40 Marco Guarnaschelli Gotti (org.), *Grande enciclopedia illustrata della gastronomia* (Milão: Reader's Digest, 1990), p. 119.

41 http://lcweb2.loc.gov/diglib/legacies/CT/200002814.html.

Nesse contexto, a introdução da versão de carne de porco moída como recheio de uma linguiça é ainda mais difícil de ser recuperada, pois tanto pode ser obra de algum italiano no Brasil como algo importado com o próprio hambúrguer (ou depois), que chegou ao Brasil no formato "hamburgueria" na década de 1960 e nunca mais saiu de moda.

A sua introdução nos cardápios sempre esteve associada às alternativas do hambúrguer básico, como o hambúrguer de frango, podendo ser igualmente complementado pela parafernália de molhos e queijos que se formou em torno do sanduíche em si. Os acompanhamentos característicos do hambúrguer de calabresa, portanto, sempre foram os mesmos do hambúrguer de carne bovina: *ketchup*, mostarda, molho de pimenta, molho inglês, complemento do queijo derretido – o que o classifica, então, como x-calabresa, tradução do inglês de modo humorado, gráfico e onomatopaico – e ingredientes extras, como cebola, *bacon*, maionese, folha de alface e rodela de tomate.

No livro *Lanchonete da Cidade*, numa página dupla, têm destaque as receitas dos hambúrgueres especiais da casa (calabresa, frango e salmão), do qual selecionamos a seguinte receita:

Hambúrguer de calabresa da Lanchonete da Cidade

Rendimento: 6 unidades de 180 g

Ingredientes
1,1 kg de linguiça calabresa moída
óleo vegetal
sal e pimenta-do-reino

Modo de preparo
Numa tigela, coloque a calabresa e misture delicadamente, sem amassar, até obter uma massa homogênea. Divida a massa em 6 partes e molde os hambúrgueres. Aqueça bem a grelha, chapa ou frigideira grande, regue com um fio de óleo e coloque um hambúrguer.

Aguarde 3 ou 4 minutos, até as bordas começarem a dourar, vire com uma espátula, deixe dourar por mais uns 3 ou 4 minutos. Se necessário, salpique com sal e pimenta e retire do fogo.

A seguir, o livro ainda sugere que se deve escolher um dos pães tradicionais de hambúrguer fresquíssimos, sejam industriais ou de padaria.[42]

---

42 Lanchonete da Cidade, *O melhor hambúrguer da cidade* (São Paulo: DBA, 2008), pp. 18-19.